Die Erfindung der Oligarchie

Herrschaft, Maxime und Konsequenz

Eine Betrachtung

von

Lutz Spilker

DIE ERFINDUNG DER OLIGARCHIE – HERRSCHAFT, MAXIME UND KONSEQUENZ

Bibliografische Information der Deutschen Nationalbibliothek:
Die Deutsche Nationalbibliothek verzeichnet diese Publikation in der Deutschen Nationalbiblio-
grafie; detaillierte bibliografische Daten sind im Internet über http://dnb.dnb.de abrufbar.

Softcover ISBN: 978-3-384-49882-3
Ebook ISBN: 978-3-384-49883-0

© 2025 by Lutz Spilker
https://www.webbstar.de
Druck und Distribution im Auftrag des Autors:
tredition GmbH, An der Strusbek 10, 22926 Ahrensburg, Germany

Die im Buch verwendeten Grafiken entsprechen den
Nutzungsbestimmungen der Creative-Commons-Lizenzen (CC).

Inhalt

L'État, c'est moi
(Der Staat bin ich)

Ludwig XIV

Ludwig XIV., französisch Louis XIV (* 5. September 1638 in Schloss Saint-Germain-en-Laye; † 1. September 1715 in Schloss Versailles), war ein französischer Prinz aus dem Haus Bourbon und von 1643 bis zu seinem Tod König von Frankreich und Navarra sowie Kofürst von Andorra.

Der Leitsatz des Absolutismus, L'État, c'est moi, wird dem französischen Sonnenkönig Ludwig XIV. zugeschrieben, der diesen Satz am 13. April 1655 vor dem Parlament gesagt haben soll. Das Parlament und der König tagten gemeinsam als Gerichtshof (Lit de justice).

Vorwort

Macht und Einfluss haben die Geschichte der Menschheit seit ihren Anfängen geprägt. Von den Herrschaftsstrukturen antiker Reiche bis zu den subtileren, aber nicht minder mächtigen Netzwerken unserer modernen Welt ziehen sich bestimmte Konstanten durch: die Konzentration von Ressourcen und die Möglichkeit, diese Ressourcen in politische, wirtschaftliche und gesellschaftliche Macht umzuwandeln. Im Zentrum dieser Dynamik steht die Oligarchie – eine Herrschaftsform, die durch das Zusammenspiel von Reichtum, Einfluss und Kontrolle definiert wird.

Dieses Buch mit dem Titel ›Die Erfindung der Oligarchie‹ widmet sich der spannenden Frage, wie sich Oligarchien historisch entwickelt haben, welche Bedingungen sie begünstigen und welche Konsequenzen sie für unsere Gegenwart und Zukunft haben. Dabei geht es keineswegs um eine Anklage oder Verherrlichung des Reichtums. Vielmehr soll dieses Werk einen analytischen Blick auf ein Phänomen werfen, das sich tief in die Mechanismen moderner Gesellschaften eingeschrieben hat.

Die Idee der Oligarchie ist nicht neu. Bereits in den Schriften antiker Denker wie Aristoteles, Platon oder Thukydides findet sich eine kritische Auseinandersetzung mit der Macht der Wenigen. Sie erkannten, dass die Bündelung von Macht in den Händen einer kleinen Elite sowohl Stabilität als auch Ausbeutung mit sich bringen kann. Aristoteles sprach von der Oligarchie als einer Abweichung von der idealen Form der Herrschaft, da sie stets das Wohl der Herrschenden über das Gemeinwohl stelle. Doch was bedeutet diese Erkenntnis heute, in einer Welt, die durch Globalisierung, Digitalisierung und enorme soziale Ungleichheit geprägt ist?

Eine zentrale These dieses Buches lautet, dass Oligarchien nicht allein durch die Existenz von Reichtum entstehen, sondern durch die systematische Verflechtung von Kapital, Macht und Privilegien. In einer Welt, in der einzelne Personen mehr Vermögen anhäufen als ganze Nationen, stellt sich die Frage, wie diese Ungleichheit nicht nur die Wirtschaft, sondern auch die Politik und die Gesellschaft beeinflusst. Können Oligarchien tatsächlich politische Systeme steuern? Und wie wirken sie sich auf globale Krisen wie den Klimawandel, die Verteilung von Ressourcen oder die digitale Überwachung aus?

Dieses Buch wird versuchen, Antworten zu finden, indem es historische Beispiele, aktuelle Entwicklungen und theoretische Analysen miteinander verknüpft. Es wird zeigen, wie Oligarchien entstehen, sich etablieren und verändern, und dabei die Mechanismen aufdecken, die ihre Macht stützen. Besonders spannend ist die Beobachtung, dass sich Oligarchien nicht auf einzelne Regionen oder Kulturen beschränken. Sie sind global verbreitet, jedoch in ihrer Erscheinung von den spezifischen kulturellen, politischen und wirtschaftlichen Kontexten geprägt.

So wird dieses Buch etwa die Oligarchien des alten Roms und der griechischen Stadtstaaten beleuchten, bevor es den Sprung in die Moderne wagt. Es wird den Reichtum des nahen und fernen Ostens untersuchen, die Vermögen und Machtstrukturen in Europa und den USA analysieren und aufzeigen, wie sich Reichtum heute in einem globalen Kontext manifestiert. Dabei soll stets eine zentrale Frage im Mittelpunkt stehen: Welche Konsequenzen hat die Macht der Wenigen für die Vielen?

Ich lade Sie ein, sich gemeinsam mit diesem Buch auf eine Reise durch die Geschichte und Gegenwart der Oligarchie zu begeben. Es ist eine Reise, die uns nicht nur die Mechanismen von Macht und Einfluss näherbringen soll, sondern auch die Auswirkungen, die sie auf unser tägliches Leben haben. Es geht darum, ein komplexes Phänomen besser zu verstehen und vielleicht auch die eine oder andere Perspektive zu hinterfragen.

Ich danke Ihnen, liebe Leserinnen und Leser, dass Sie den Mut und die Neugier mitbringen, sich diesem anspruchsvollen Thema zu widmen. In einer Welt, die immer komplexer und unübersichtlicher wird, ist das Verständnis für die grundlegenden Mechanismen unserer Gesellschaft von entscheidender Bedeutung. Möge dieses Buch einen Beitrag dazu leisten, die Verflechtungen von Reichtum und Macht sichtbarer zu machen und den Diskurs darüber anzuregen.

Es ist mein Wunsch, dass Sie dieses Werk mit Gewinn lesen, neue Einsichten gewinnen und vielleicht sogar inspiriert werden, eigene Gedanken zu diesem spannenden und herausfordernden Thema zu entwickeln.

Die Ursprünge der Macht

Macht ist so alt wie die Menschheit selbst. Bereits in den frühesten Gesellschaftsformen kristallisierten sich Hierarchien heraus, die nicht nur auf körperlicher Stärke, sondern auch auf strategischem Denken, Ressourcenmanagement und sozialer Einflussnahme basierten. Diese Frühformen der Herrschaft bilden das Fundament, auf dem spätere komplexe Machtstrukturen wie Monarchien, Aristokratien und schließlich Oligarchien errichtet wurden.

In den frühen Jäger- und Sammlergesellschaften war Macht oft eng mit Fähigkeiten verknüpft. Der beste Jäger oder die klügste Sammlerin genossen Respekt und Anerkennung. Doch diese Macht war fluid und abhängig von den wechselnden Herausforderungen der Umwelt. Sie diente nicht zur Unterdrückung, sondern zum Überleben der Gemeinschaft. Erst mit der Sesshaftwerdung des Menschen und der Entstehung landwirtschaftlicher Überschüsse änderte sich die Dynamik grundlegend. Überschüsse bedeuteten Macht: Wer über Nahrung oder Wasser verfügte, konnte andere abhängig machen. So entstanden die ersten hierarchischen Strukturen, in denen Macht nicht nur durch persönliche Fähigkeiten, sondern durch Kontrolle von Ressourcen definiert wurde.

Die Entstehung von Städten und frühen Stadtstaaten, wie sie beispielsweise im Mesopotamien des 4. Jahrtausends v. Chr. zu finden sind, markiert einen weiteren Wendepunkt. Hier begannen sich Herrschaftsformen herauszubilden, die auf Institutionen und Ritualen basierten. Die ersten Könige oder Stadtoberhäupter waren oft Priester oder religiöse Führer, die ihre Macht aus ihrer vermeintlichen Nähe zu den Göttern schöpften. Diese religiös-legitimierte Machtstruktur bot nicht nur Stabilität, sondern auch die Möglichkeit zur Ausbeutung. Es war keine Frage des Zufalls, dass die ersten bekannten Schriftstücke Verwaltungsdokumente waren – eine frühe Form der Kontrolle über Ressourcen und Menschen.

Während Mesopotamien ein frühes Beispiel für organisierte Herrschaft ist, finden sich ähnliche Entwicklungen in Ägypten, der Indus-Kultur und später in den Stadtstaaten Griechenlands. Insbesondere Ägypten ist ein eindrückliches Beispiel dafür, wie Macht nicht nur durch Kontrolle, sondern auch durch Inszenierung aufrechterhalten wurde. Die monumentalen Pyramiden und Tempel dienten nicht nur religiösen Zwecken, sondern waren auch Manifestationen der Herrschaft. Sie erinnerten die Bevölkerung an die Überlegenheit des Pharaos und seine Verbindung zu den Göttern.

Doch Macht war nicht immer absolut. In vielen antiken Gesellschaften, insbesondere in den frühen Stadtkulturen, war sie oft Gegenstand von Verhandlungen und Kompromissen. Ratsversammlungen und Ältestenräte spielten eine entscheidende Rolle, um Macht zu verteilen oder zumindest in einer Balance zu halten. Dies änderte sich jedoch, als Reichtum und militärische Stärke zunehmend bestimmende Faktoren wurden. Die

Entstehung stehender Heere und die Entwicklung von Waffentechnologie gaben denjenigen, die über diese Ressourcen verfügten, die Möglichkeit, Macht zu zentralisieren und auszubauen.

Ein weiterer wichtiger Aspekt der frühen Machtstrukturen war die Rolle der Familie und der Abstammung. Dynastische Herrschaft war in vielen frühen Kulturen der Schlüssel zur Machtweitergabe. Blutlinien wurden zu einem Instrument der Legitimation, das Herrscherfamilien über Generationen hinweg an der Spitze hielt. Die Vorstellung, dass Macht angeboren und durch die Götter verliehen war, verfestigte diese Strukturen und machte es nahezu unmöglich, sie zu durchbrechen.

Die Ursprünge der Macht sind somit nicht nur eine Geschichte der Stärke und Kontrolle, sondern auch eine Geschichte der Anpassung und Legitimation. Sie zeigen, wie eng Herrschaft mit den Bedürfnissen und Überzeugungen der jeweiligen Gesellschaft verknüpft war. Der Weg von den fluiden Hierarchien der Jäger- und Sammlergesellschaften zu den fest etablierten Machtstrukturen der frühen Hochkulturen war kein geradliniger Prozess, sondern eine ständige Aushandlung zwischen verschiedenen Akteuren und Kräften. Dennoch legten diese Entwicklungen den Grundstein für die späteren Formen der Oligarchie, die auf dem Zusammenspiel von Ressourcen, Kontrolle und sozialer Legitimation beruhen.

Oligarchie in der Antike

Die antike Welt war geprägt von Herrschaftsstrukturen, die sich durch ein bemerkenswertes Zusammenspiel von Macht, Einfluss und sozialer Kontrolle auszeichneten. Besonders das antike Griechenland und Rom boten Schauplätze für die Entwicklung von Systemen, die Elemente der Oligarchie in sich trugen, auch wenn sie sich in ihren Ausprägungen und kulturellen Hintergründen unterschieden. Beide Gesellschaften zeigen, wie die Herrschaft Weniger die Geschicke Vieler bestimmen konnte – ein Phänomen, das bis in die Gegenwart fortwirkt.

Das antike Griechenland:

Zwischen Demokratie und Oligarchie

Im antiken Griechenland war die Oligarchie nicht nur eine Herrschaftsform, sondern ein Begriff, der eine bestimmte Form der Machtkonzentration beschrieb. Aristoteles, der die politischen Systeme seiner Zeit scharfsinnig analysierte, definierte die Oligarchie als eine Herrschaft, bei der die Interessen einer kleinen Elite über die des Gemeinwohls gestellt wurden. Tatsächlich war die politische Landschaft Griechenlands ein Flickenteppich aus Stadtstaaten – den sogenannten Poleis –, die unterschiedliche Regierungsformen ausprobierten. Doch in vielen dieser Poleis, selbst in den demokratischen Hochburgen wie Athen, war die Macht stark begrenzt und blieb letztlich in den Händen einiger weniger.

Ein herausragendes Beispiel für eine oligarchische Struktur war Sparta. Hier lag die Macht in den Händen einer kleinen Kriegerelite, den sogenannten Spartiaten. Diese Oberschicht stellte eine winzige Minderheit der Gesamtbevölkerung dar, regierte jedoch mit eiserner Hand über die große Mehrheit der Heloten – landwirtschaftliche Leibeigene, die für die wirtschaftliche Grundlage Spartas sorgten. Die politische Macht war in einem dualen Königssystem, dem Rat der Ältesten (Gerusia) und den Ephoren konzentriert, die gemeinsam Entscheidungen trafen und die Gesellschaft kontrollierten. Diese straffe Hierarchie wurde durch eine militärisch-disziplinierte Lebensweise gestützt, die die Macht der herrschenden Klasse sicherte und jede Form von Opposition unterdrückte.

Auch Athen, bekannt als Wiege der Demokratie, war in seinen Anfängen von oligarchischen Strukturen geprägt. Vor den Reformen von Solon und Kleisthenes wurde die Stadt von einer kleinen Gruppe adliger Familien regiert, die den Zugang zu politischen Ämtern streng kontrollierten. Diese Aristokraten besaßen nicht nur den größten Teil des Landes, sondern dominierten auch die Justiz und die militärischen Führungspositionen. Selbst nach der Einführung demokratischer Reformen blieb der Einfluss reicher Bürger erheblich, da sie oft die finanziellen Mittel bereitstellten, um politische Kampagnen und öffentliche Projekte zu finanzieren. Somit war die athenische Demokratie nie vollständig frei von oligarchischen Tendenzen.

Rom:

Die Republik der Eliten

Das antike Rom bot eine andere, aber nicht minder interessante Perspektive auf oligarchische Machtstrukturen. Die römische Republik war formal eine Mischverfassung, die Elemente von Monarchie, Aristokratie und Demokratie vereinte. Doch in der Praxis wurde sie von einer engen Elite regiert – der Nobilität, bestehend aus den reichsten und einflussreichsten Familien der Stadt. Diese Patrizierfamilien dominierten den Senat, das zentrale Machtorgan der Republik, und kontrollierten die wichtigsten politischen und militärischen Ämter.

Der Senat war das Herzstück der römischen Oligarchie. Ursprünglich ein Beratungsorgan, entwickelte er sich zu einem mächtigen Gremium, das über Krieg und Frieden, Finanzen und Außenpolitik entschied. Obwohl formal alle Bürger Roms gewisse Rechte hatten, waren die realen Machtverhältnisse stark zugunsten der Oberschicht verzerrt. Die Volksversammlungen, in denen theoretisch alle männlichen Bürger teilnehmen konnten, wurden oft durch Patronage-Netzwerke und Bestechung manipuliert. Wohlhabende Familien nutzten ihre Ressourcen, um die Stimmen der unteren Schichten zu kaufen oder durch Drohungen zu beeinflussen.

Ein weiteres zentrales Element der römischen Oligarchie war das System der Ämterlaufbahn, die sogenannte *Cursus Honorum*. Diese Karriereleiter war für Männer aus der Elite konzipiert und erforderte nicht nur militärische und administrative Fähigkeiten, sondern auch beträchtliches persönliches Vermögen. Wahlkampagnen waren teuer, und nur die reichsten Familien konnten es sich leisten, die notwendige Unterstützung zu sichern. Dies führte dazu, dass politische Macht weitgehend in den Händen einiger weniger dynastischer Familien blieb, die über Generationen hinweg die Geschicke der Republik bestimmten.

Der Übergang zum Prinzipat:

Oligarchie in neuer Form

Mit dem Ende der Republik und dem Aufstieg des Prinzipats unter Augustus veränderten sich die Machtstrukturen in Rom, doch oligarchische Elemente blieben erhalten. Während die Macht formal in den Händen des Kaisers lag, spielte der Senat weiterhin eine wichtige Rolle – zumindest symbolisch. Die Elite passte sich geschickt an die neuen Gegebenheiten an und sicherte sich ihre Privilegien durch Loyalität gegenüber dem Kaiserhaus. Gleichzeitig entstand eine neue Art von Oligarchie, die nicht nur auf familiärem Reichtum, sondern auch auf Nähe zur kaiserlichen Macht beruhte.

Ein besonders eindrucksvolles Beispiel für den fortbestehenden Einfluss der Elite war die Verteilung von Provinzämtern und anderen wichtigen Posten. Diese wurden oft an Angehörige der senatorischen und später der ritterlichen Klasse vergeben, die so ihren Reichtum und ihre Machtbasis weiter ausbauen konnten. Auch hier zeigte sich, wie sich oligarchische

Strukturen an veränderte politische Rahmenbedingungen anpassen konnten, ohne ihre grundlegende Dynamik zu verlieren.

Lehren aus der Antike

Die Herrschaftsstrukturen im antiken Griechenland und Rom zeigen, dass Oligarchien keine starren Systeme sind, sondern sich flexibel an unterschiedliche gesellschaftliche, wirtschaftliche und politische Gegebenheiten anpassen können. Sie basieren auf der Konzentration von Ressourcen und Einfluss in den Händen Weniger und nutzen vielfältige Strategien, um ihre Macht zu legitimieren und zu sichern. Ob durch militärische Stärke, religiöse Legitimation, wirtschaftliche Dominanz oder politische Netzwerke – die Oligarchien der Antike legten die Grundlage für viele der Mechanismen, die bis heute in ähnlicher Form existieren.

Die Analyse dieser Strukturen ist nicht nur ein Blick in die Vergangenheit, sondern auch eine Möglichkeit, die Gegenwart besser zu verstehen. Denn die grundlegenden Prinzipien der Machtkonzentration, die in der antiken Welt sichtbar wurden, sind in der modernen Gesellschaft keineswegs verschwunden.

Religion und Reichtum

Religion und Reichtum sind seit jeher eng miteinander verflochten. Religiöse Institutionen spielten in vielen Kulturen eine zentrale Rolle bei der Entstehung und Festigung von Machteliten. Diese Verbindung zwischen spiritueller Autorität und ökonomischer Kontrolle wirkte als treibende Kraft hinter der Entwicklung komplexer Herrschaftsstrukturen und hat bis heute einen tiefgreifenden Einfluss auf Gesellschaften weltweit.

Bereits in den frühen Hochkulturen wie Mesopotamien, Ägypten und Indien war die Religion untrennbar mit den gesellschaftlichen und politischen Strukturen verbunden. Die Tempel dieser Zivilisationen waren nicht nur religiöse Zentren, sondern auch wirtschaftliche Machtbasen. Sie kontrollierten bedeutende Ressourcen, verwalteten Landbesitz und sammelten Tribute oder Spenden von den Gläubigen. Priester und religiöse Führer standen häufig an der Spitze dieser Hierarchien und bildeten eine privilegierte Elite, die durch ihre Nähe zu den Göttern legitimiert wurde. Dieser göttliche Anspruch verlieh ihrer Macht eine unvergleichliche Stabilität, die weder durch militärische Stärke noch durch wirtschaftliche Konkurrenz leicht zu erschüttern war.

Im antiken Ägypten war der Pharao nicht nur ein weltlicher Herrscher, sondern auch die Verkörperung göttlicher Macht. Seine Stellung als Sohn der Götter legitimierte nicht nur seine

Herrschaft, sondern sicherte ihm auch die Kontrolle über die immense wirtschaftliche Maschinerie des Staates. Die Priesterschaft, insbesondere die des Amun-Kults, war eine wesentliche Stütze dieser Machtstruktur. Die Tempel verwalteten riesige Ländereien, erhielten großzügige Tribute und konnten große Arbeitskräfte mobilisieren. Die Symbiose zwischen König und Priesterschaft garantierte die Aufrechterhaltung des Status quo und machte die Tempel zu wirtschaftlichen Zentren, die mit den Palästen der Herrscher konkurrieren konnten.

Auch in Mesopotamien waren Tempel wirtschaftliche und politische Machtzentren. Sie dienten nicht nur als Orte der Anbetung, sondern auch als Lagerhäuser für Getreide und andere wichtige Ressourcen. Die Priester, die diese Tempel verwalteten, fungierten als ökonomische Verwalter und politische Berater. Die engen Verbindungen zwischen religiöser und weltlicher Macht schufen ein System, in dem die Kontrolle über die Religion gleichbedeutend mit der Kontrolle über die Gesellschaft war.

Ein weiteres eindrucksvolles Beispiel für die Verbindung von Religion und Reichtum findet sich im mittelalterlichen Europa. Die katholische Kirche war nicht nur eine spirituelle, sondern auch eine politische und wirtschaftliche Institution von immenser Macht. Ihr Reichtum beruhte auf einem ausgeklügelten System von Abgaben, Spenden und Erbschaften. Der Zehnt, eine verpflichtende Abgabe von einem Zehntel des Einkommens, war ein zentraler Mechanismus zur Sicherung der finanziellen Basis der Kirche. Zusätzlich dazu flossen immense Vermögen durch den Verkauf von Ablässen in die Kassen, was die Kirche zu einem der größten Grundbesitzer und Finanzakteure der damaligen Zeit machte.

Die Kirche nutzte ihren Reichtum, um prächtige Kathedralen und Klöster zu errichten, die nicht nur spirituelle Zentren waren, sondern auch den Reichtum und die Macht der Institution zur Schau stellten. Diese Bauwerke dienten als Symbole göttlicher Ordnung und erinnerten die Bevölkerung an die Allgegenwart der Kirche. Gleichzeitig festigte der wirtschaftliche Reichtum der Kirche ihre politische Position. Papst und Bischöfe agierten oft als Vermittler und Machtbroker zwischen rivalisierenden Fürstenhäusern. Ihre Entscheidungen hatten nicht nur spirituelle, sondern auch weitreichende politische Konsequenzen.

Ein weiteres faszinierendes Beispiel für die Macht religiöser Institutionen ist die Rolle des buddhistischen Klerus in Asien. In Ländern wie China, Japan und Tibet akkumulierten Klöster und Mönchsorden über Jahrhunderte hinweg enormen Reichtum. Dies geschah durch großzügige Schenkungen von Kaisern, Adligen und einfachen Gläubigen, die sich dadurch spirituelle Verdienste erhofften. In Tibet beispielsweise wurde die religiöse Elite unter der Führung des Dalai Lama nicht nur zur spirituellen, sondern auch zur weltlichen Regierung. Die Verbindung von religiöser und politischer Macht schuf eine theokratische Herrschaftsform, die eng mit den wirtschaftlichen Ressourcen des Landes verflochten war.

Ein weiterer Aspekt, der die Verbindung von Religion und Reichtum verdeutlicht, ist der Einfluss religiöser Institutionen auf Bildung und Kultur. Klöster und Tempel waren oft die einzigen Orte, an denen Wissen gesammelt und bewahrt wurde. Diese Kontrolle über Bildung und Kultur stärkte die Position der religiösen Eliten zusätzlich. Sie bestimmten nicht nur, was gelehrt wurde, sondern auch, wie Geschichte interpretiert und erinnert wurde. Die Kontrolle über das kollektive Gedächtnis der Gesellschaft war ein mächtiges Werkzeug zur Legitimation ihrer Herrschaft.

Die Rolle religiöser Institutionen bei der Entstehung von Macht-teliten ist auch in der Moderne nicht zu unterschätzen. Während viele Gesellschaften heute säkularer sind als in der Vergangenheit, haben religiöse Organisationen in vielen Ländern weiterhin erheblichen Einfluss. In einigen Fällen fungieren sie als Vermittler zwischen verschiedenen sozialen Gruppen, in anderen Fällen üben sie direkten politischen Einfluss aus. Ihr Reichtum und ihre Netzwerke machen sie oft zu einflussreichen Akteuren in globalen Angelegenheiten.

Abschließend lässt sich sagen, dass die Verbindung von Religion und Reichtum eine der konstantesten Dynamiken in der Geschichte der Menschheit ist. Religiöse Institutionen haben es verstanden, ihre spirituelle Autorität in ökonomische und politische Macht umzuwandeln. Dabei haben sie nicht nur die Gesellschaften, in denen sie existierten, geprägt, sondern auch den Verlauf der Geschichte selbst beeinflusst. Diese komplexe Beziehung zwischen Religion und Reichtum ist ein Schlüssel zum Verständnis der Entwicklung von Machteliten und ihrer Rolle in der Gesellschaft.

Handelsimperien und Dynastien

Der Handel war im Mittelalter weit mehr als ein wirtschaftliches Phänomen; er war eine transformative Kraft, die Gesellschaften prägte, Kulturen verband und Macht neu definierte. Während die feudale Ordnung Europas auf Landbesitz und agrarischer Produktion basierte, eröffneten Handelsimperien eine alternative Machtquelle, die nicht weniger bedeutsam war. Mit Warenströmen kamen auch neue Ideen, Technologien und Netzwerke – und es entstanden oligarchische Strukturen, die auf wirtschaftlichem Einfluss und finanzieller Kontrolle beruhten.

Bereits im Frühmittelalter, als Europa nach dem Fall des Weströmischen Reiches zersplittert war, traten Handelsnetzwerke als verbindendes Element hervor. Italienische Stadtstaaten wie Venedig, Genua und Florenz entwickelten sich zu wichtigen Handelszentren. Ihre geographische Lage und ihre geschickte Diplomatie ermöglichten es ihnen, sowohl mit den Reichen des Nahen Ostens als auch mit den aufstrebenden Königreichen Nordeuropas zu handeln. Doch es waren nicht nur die Städte selbst, die von diesem Wohlstand profitierten – es entstanden mächtige Familien, die diesen Handel kontrollierten und ihre Macht in politische und soziale Einflussnahme umwandelten.

Ein prägnantes Beispiel ist die Familie Medici in Florenz. Ursprünglich als Händler und Geldverleiher tätig, stieg diese Dynastie im 14. und 15. Jahrhundert zu einer der mächtigsten Familien Europas auf. Ihr Reichtum ermöglichte es ihnen, politische Ämter zu erwerben, Allianzen zu schmieden und kulturelle Projekte zu fördern, die ihren Einfluss weiter festigten. Durch die Kontrolle über die florentinische Bank dominierten die Medici nicht nur die Wirtschaft der Region, sondern hatten auch erheblichen Einfluss auf die katholische Kirche, da sie mehrere Päpste stellten. Diese Verflechtung von Handel, Finanzen und Politik machte sie zu einer prototypischen oligarchischen Dynastie.

Während die Medici ein Beispiel für eine städtische Handelsoligarchie sind, zeigen die Hanse und ihre führenden Familien, wie Netzwerke eine ähnliche Funktion über größere geographische Räume hinweg erfüllen konnten. Die Hanse, ein Bündnis norddeutscher Handelsstädte, dominierte vom 13. bis zum 17. Jahrhundert den Handel in der Ost- und Nordsee. Obwohl die Hanse selbst keine zentrale Autorität besaß, war sie durch ein System von Handelsprivilegien und Abkommen miteinander verbunden, die ihren Mitgliedern enorme wirtschaftliche Vorteile verschafften. Innerhalb der Städte, die zur Hanse gehörten, kontrollierten wohlhabende Kaufmannsfamilien die lokalen und überregionalen Handelswege. Diese Familien, oft organisiert in Zünften oder Gilden, bildeten eine Machtelite, die nicht nur wirtschaftlich, sondern auch politisch das Leben der Städte dominierte.

Ein weiteres herausragendes Beispiel für Handelsimperien, die oligarchische Strukturen förderten, ist das Venedig der Renaissance. Die Stadt, oft als ›Königin der Adria‹ bezeichnet, wurde durch den Seehandel reich. Die venezianische Elite bestand aus Familien, die ihre Macht auf Handelsmonopolen, insbesondere im Gewürzhandel, gründeten. Der venezianische Staat war zwar formal eine Republik, doch die politische Macht lag in den Händen des sogenannten Großen Rates, einer Versammlung, die nur aus Mitgliedern der alteingesessenen Handelsfamilien bestand. Diese Oligarchie war so streng abgeschottet, dass der Zugang zu den höchsten politischen Ämtern praktisch nur durch Geburt möglich war.

Handel war jedoch nicht nur auf Europa beschränkt. Im Nahen Osten und in Asien entstanden zur gleichen Zeit mächtige Handelsimperien, die ebenfalls oligarchische Strukturen entwickelten. In der islamischen Welt spielten Städte wie Bagdad, Kairo und Samarkand eine Schlüsselrolle im internationalen Handel. Händler und Karawanenführer wurden zu einflussreichen Persönlichkeiten, die nicht nur wirtschaftliche, sondern auch politische Macht ausübten. Viele dieser Händler schlossen sich in Bruderschaften oder Gilden zusammen, die ihre Interessen schützten und ihre Position innerhalb der Gesellschaft stärkten. Auch in China, unter den Dynastien der Song und später der Ming, förderte der Handel entlang der Seidenstraße die Herausbildung einflussreicher Händlerfamilien, die eng mit der kaiserlichen Verwaltung verbunden waren.

Der Einfluss des Handels auf die Machtverteilung im Mittelalter zeigt sich besonders deutlich in den Konflikten zwischen diesen neuen Handelseliten und der traditionellen feudalen Aristokratie. Während die Feudalherren ihre Macht aus dem Landbesitz und der Kontrolle über Bauern ableiteten, bot der Handel eine alternative Quelle von Wohlstand und Einfluss. Diese Spannung führte in vielen Regionen zu politischen und sozialen Umwälzungen. In Italien beispielsweise standen die Handelsoligarchien der Stadtstaaten oft im Gegensatz zu den feudalen Fürsten, was zu langwierigen Machtkämpfen führte.

Doch der Handel brachte nicht nur Konflikte, sondern auch Innovationen mit sich, die die oligarchischen Strukturen weiter festigten. Die Einführung von Buchhaltungssystemen, die Entwicklung von Banken und die Schaffung von Handelsgesellschaften ermöglichten es den Eliten, ihren Reichtum effizienter zu verwalten und zu vermehren. Die Fugger-Familie aus Augsburg ist ein Paradebeispiel dafür. Ursprünglich als Weber tätig, stieg die Familie durch den Handel mit Textilien und später mit Metallen zu einer der mächtigsten Dynastien Europas auf. Ihr finanzieller Einfluss war so groß, dass sie Kaiser Maximilian I. und Karl V. Kredite gewährten, um deren Kriege zu finanzieren. Im Gegenzug erhielten die Fugger Handelsprivilegien und Monopole, die ihren Reichtum weiter steigerten.

Die Bedeutung des Handels für die Herausbildung oligarchischer Strukturen im Mittelalter liegt in der einzigartigen Verbindung von Wirtschaft, Politik und Gesellschaft. Händlerfamilien und Handelsimperien schufen neue Machtzentren, die unabhängig von traditionellen feudalen Strukturen agierten. Ihre Netzwerke erstreckten sich oft über Kontinente, was ihnen nicht nur Zugang zu Ressourcen, sondern auch zu Informationen und Technologien verschaffte. Diese globalen Verbindungen stärkten ihre Position weiter und ermöglichten es ihnen, eine einflussreiche Rolle in der Gestaltung der mittelalterlichen Welt zu spielen.

Abschließend lässt sich sagen, dass der Handel im Mittelalter weit mehr war als ein ökonomischer Prozess. Er war eine transformative Kraft, die die Gesellschaften Europas, Asiens und des Nahen Ostens tiefgreifend veränderte. Handelsimperien und die Dynastien, die sie hervorbrachten, waren nicht nur wirtschaftliche Akteure, sondern auch politische und kulturelle Gestalter. Sie schufen oligarchische Strukturen, die bis heute in vielen Aspekten der modernen Welt nachwirken.

Feudalismus und Kontrolle

Die mittelalterliche Welt war geprägt von einem komplexen Geflecht aus Abhängigkeiten, Hierarchien und Machtstrukturen, die sich rund um den Besitz von Ländereien und das Vasallensystem formierten. Feudalismus, wie diese Ordnung heute bezeichnet wird, war weit mehr als nur eine ökonomische Organisation – er war eine soziale und politische Realität, die das Leben von Königen, Adligen und Bauern gleichermaßen bestimmte. Durch die Kontrolle über Land und die darauf arbeitende Bevölkerung entstand eine Machtkonzentration, die die Grundlage für oligarchische Strukturen legte und jahrhundertelang Bestand hatte.

Im Kern des Feudalsystems stand das Land als zentrale Ressource. Land war nicht nur die Grundlage für Nahrungsmittelproduktion, sondern auch der Schlüssel zur politischen Macht. In einer vorindustriellen Gesellschaft, in der landwirtschaftliche Erträge das Überleben und den Wohlstand sicherten, war der Besitz von Land gleichbedeutend mit Kontrolle über Menschen und Ressourcen. Könige und Fürsten nutzten Ländereien als Mittel, um Loyalität zu sichern und Hierarchien zu festigen. Indem sie Land an Vasallen vergaben, schufen sie ein Netzwerk von Abhängigkeiten, das ihre Herrschaft stabilisierte und zugleich eine Machtkonzentration in den Händen weniger förderte.

Die Beziehung zwischen Lehnsherren und Vasallen war das Herzstück dieses Systems. Ein Lehnsherr – oft ein König oder ein mächtiger Fürst – übertrug einem Vasallen ein Stück Land, das sogenannte Lehen, im Austausch für Treue und Dienste. Diese Dienste konnten militärischer Natur sein, wie die Bereitstellung von Rittern für Kriege, oder administrativer Art, etwa das Eintreiben von Steuern und die Durchsetzung von Gesetzen. Der Vasall wiederum hatte eigene Untergebene, denen er Teile seines Landes zur Nutzung überließ, und so entstand eine Pyramide aus gegenseitigen Verpflichtungen. Diese Pyramide war nicht nur eine wirtschaftliche, sondern auch eine soziale Struktur, die die Gesellschaft des Mittelalters tief prägte.

Ein prägnantes Beispiel für die Machtkonzentration durch das Feudalsystem findet sich im Frankreich des 12. und 13. Jahrhunderts. Die französischen Könige waren formal die obersten Lehnsherren, doch in der Praxis war ihre Macht oft durch die großen Adelsfamilien eingeschränkt, die riesige Ländereien kontrollierten. Die Herzöge der Normandie, die Grafen von Anjou und andere mächtige Vasallen verfügten über mehr militärische und wirtschaftliche Ressourcen als der König selbst. Ihre Festungen, Burgen und Garnisonen waren Symbole ihrer Unabhängigkeit und Macht. Es war diese dezentrale Kontrolle, die es oligarchischen Strukturen ermöglichte, innerhalb des Feudalsystems zu gedeihen. Die Herrschaft dieser Adelsfamilien war nicht nur lokal begrenzt, sondern strahlte oft weit über ihre eigenen Ländereien hinaus, indem sie Allianzen schmiedeten und Einfluss auf die Politik des Königreichs nahmen.

Das englische Feudalsystem entwickelte sich nach der normannischen Eroberung im Jahr 1066 unter Wilhelm dem Eroberer. Wilhelm führte ein System ein, das auf einer engen Kontrolle des Landes basierte, dokumentiert im berühmten ›Domesday Book‹. Diese Landaufnahme ermöglichte es ihm, die Besitzverhältnisse zu zentralisieren und sicherzustellen, dass alle Lehnsmänner direkt oder indirekt von ihm abhängig waren. Doch auch in England führte die Machtkonzentration durch Landbesitz zur Herausbildung einer mächtigen Adelsschicht, die in der Lage war, den König zu kontrollieren. Die Magna Carta von 1215, die den König zur Anerkennung bestimmter Rechte des Adels zwang, ist ein Zeugnis dafür, wie diese Machtelite ihre Position innerhalb des Systems sicherte.

Ein weiterer wichtiger Aspekt des Feudalismus war die Rolle der Kirche als Landbesitzer. Klöster und Bistümer kontrollierten große Ländereien und waren oft die größten Grundbesitzer in einem Königreich. Ihre wirtschaftliche Macht ging Hand in Hand mit ihrer spirituellen Autorität, und sie spielten eine zentrale Rolle in der Verwaltung und Organisation des Feudalsystems. Die Kirche fungierte nicht nur als religiöse Institution, sondern auch als wirtschaftlicher Akteur, der Bauern beschäftigte, Abgaben erhob und politische Allianzen schmiedete. Diese Doppelrolle machte sie zu einer integralen Säule der feudalen Ordnung und trug dazu bei, die Macht in den Händen einer privilegierten Elite zu konzentrieren.

Die Kontrolle über Land hatte nicht nur wirtschaftliche, sondern auch soziale Konsequenzen. Bauern, die das Land bewirtschafteten, waren in der Regel an dieses gebunden. Sie konnten es nicht verlassen, ohne die Erlaubnis ihres Herrn einzuholen, und waren verpflichtet, Abgaben in Form von Ernteerträgen oder Arbeitsleistungen zu leisten. Dieses System der Leibeigenschaft schuf eine klare Hierarchie, in der die Macht und der Reichtum Weniger auf der Arbeit Vieler basierten. Diese Abhängigkeit wurde oft durch Gewalt und Drohungen aufrechterhalten, aber auch durch eine ideologische Legitimierung, die die bestehende Ordnung als von Gott gewollt darstellte.

Interessanterweise war das Feudalsystem trotz seiner Starrheit anpassungsfähig. In Zeiten wirtschaftlicher Expansion, wie im Hochmittelalter, konnten reiche Kaufleute und Städte in die bestehende Hierarchie aufgenommen werden, indem sie Ländereien kauften oder Adelsränge erhielten. Diese Flexibilität ermöglichte es dem Feudalsystem, über Jahrhunderte hinweg zu bestehen und sich an veränderte Bedingungen anzupassen. Doch diese Anpassungsfähigkeit hatte ihre Grenzen. Mit dem Aufstieg von Handelsimperien, der Entwicklung von Söldnerheeren und der Zentralisierung der Macht in frühen Nationalstaaten begann das Feudalsystem ab dem späten Mittelalter zu erodieren.

Die Machtkonzentration durch Ländereien und Vasallensysteme war nicht nur ein Mittel zur Stabilisierung der mittelalterlichen Gesellschaft, sondern auch ein Motor für Ungleichheit. Die Kontrolle über Land bedeutete die Kontrolle über Leben und Arbeit der Menschen, die darauf angewiesen waren. Diese Machtasymmetrie legte den Grundstein für oligarchische Strukturen, die in verschiedenen Formen bis in die Neuzeit fortbestehen. Die Lehren aus dem Feudalsystem zeigen, wie eng wirtschaftliche Ressourcen, soziale Hierarchien und politische Macht miteinander verwoben sind – eine Verbindung, die bis heute das Fundament vieler Gesellschaften bildet.

Die Geburt des Finanzkapitals

Die Renaissance war eine Zeit tiefgreifender Veränderungen. Sie brachte nicht nur eine Wiederbelebung der Künste und Wissenschaften, sondern auch eine Revolution in den wirtschaftlichen und finanziellen Strukturen mit sich. In dieser Epoche entstanden die ersten modernen Banken, Institutionen, die nicht nur den Handel revolutionierten, sondern auch das Machtgefüge Europas nachhaltig veränderten. Die Geburt des Finanzkapitals war eng mit den neuen Herausforderungen und Chancen dieser Zeit verbunden und markierte den Beginn einer Ära, in der Geld und Kredit zu den entscheidenden Faktoren politischer und sozialer Macht wurden.

Im späten Mittelalter begann der Handel in Europa stark zu expandieren. Die wachsenden Handelsnetze, die sich von den Märkten Nordafrikas über die Städte Italiens bis nach Nordeuropa erstreckten, erforderten neue Methoden, um Geld zu transferieren und zu sichern. Traditionelle Münzsysteme und persönliche Kredite waren den Anforderungen nicht mehr gewachsen. Hier setzte die Entwicklung des Bankwesens an, die zunächst in den florierenden Stadtstaaten Italiens ihren Ausgangspunkt fand.

Die Medici-Bank in Florenz, gegründet im Jahr 1397 von Giovanni di Bicci de' Medici, ist eines der bekanntesten Beispiele für die Banken der Renaissance. Sie war nicht nur ein

Finanzinstitut, sondern ein Symbol für die Macht des Geldes. Die Medici nutzten ihre Bank, um weit über die Grenzen ihrer Stadt hinaus Einfluss zu gewinnen. Ihre innovativen Methoden im Kreditwesen und ihre engen Verbindungen zu Päpsten, Königen und Kaufleuten machten sie zu einem der einflussreichsten Akteure ihrer Zeit. Die Medici-Bank bot Kredite an, verwaltete große Vermögen und finanzierte Handelsprojekte, die ohne die Unterstützung einer solchen Institution nicht möglich gewesen wären.

Doch die Medici waren nicht die einzigen, die die Möglichkeiten des neuen Finanzkapitals erkannten. In Venedig, Genua und Mailand entstanden ähnliche Banken, die den Handel und die Politik gleichermaßen prägten. Venedig, das durch seinen Seehandel zu einer der reichsten Städte Europas aufgestiegen war, entwickelte eine einzigartige Verbindung zwischen staatlicher Macht und Finanzkapital. Die venezianischen Banken und Kaufleute spielten eine Schlüsselrolle bei der Finanzierung der Handelsflotten, die den Gewürzhandel mit Asien ermöglichten. Sie etablierten darüber hinaus ein System von Wechseln und Anleihen, das den internationalen Geldfluss erleichterte und gleichzeitig als Grundlage für den modernen Kapitalmarkt diente.

Diese Banken waren jedoch mehr als nur Dienstleister für Kaufleute. Sie wurden zu zentralen Akteuren im politischen Machtgefüge der Renaissance. Ihre Fähigkeit, riesige Summen an Kapital bereitzustellen, verschaffte ihnen Einfluss auf Fürstenhöfe und Regierungen. Dies zeigte sich besonders deutlich im Fall der Fugger, einer deutschen Bankiersfamilie, die im 16. Jahrhundert zu den mächtigsten Finanzakteuren Europas aufstieg. Die Fugger finanzierten Kriege, sicherten sich Handelsmonopole und wurden zu unverzichtbaren Partnern für Kaiser und Könige. Jakob Fugger, bekannt als *Jakob der Reiche*, war ein Meister darin, finanzielle Macht in politischen Einfluss umzuwandeln. Seine Kredite halfen Kaiser Karl V., die Krone des Heiligen Römischen Reiches zu erlangen, und im Gegenzug erhielt er Privilegien, die den Reichtum und die Macht seiner Familie weiter steigerten.

Die Geburt des Finanzkapitals war auch eng mit der Entwicklung neuer Finanzinstrumente verbunden. Wechselbriefe, Kredite und Buchhaltungssysteme ermöglichten es, riesige Summen zu bewegen, ohne auf physisches Geld angewiesen zu sein. Diese Innovationen schufen eine neue Form von Reichtum, der nicht mehr allein auf Land oder Waren basierte, sondern auf Vertrauen und der Fähigkeit, Schulden zu managen. Gleichzeitig führte die Professionalisierung des Bankwesens zu einer Verschärfung der sozialen Ungleichheit. Während Kaufleute und Bankiers immer reicher wurden, blieben große Teile der Bevölkerung von diesem neuen Reichtum ausgeschlossen.

Ein besonders eindrucksvolles Beispiel für die Verflechtung von Finanzkapital und politischer Macht zeigt sich in der Beziehung zwischen den Banken und der katholischen Kirche. Die Päpste der Renaissance benötigten riesige Summen, um ihre politischen und baulichen Ambitionen zu finanzieren, darunter den Bau des Petersdoms und die Finanzierung von

Kriegen. Banken wie die Medici oder die Fugger wurden zu unverzichtbaren Partnern in diesen Vorhaben. Gleichzeitig verschärfte diese Abhängigkeit auch die Spannungen innerhalb der Kirche, da viele Gläubige die zunehmende Kommerzialisierung des Glaubens kritisierten. Der Ablasshandel, der zum Auslöser der Reformation wurde, war eng mit den Finanzstrukturen dieser Zeit verbunden.

Die Entstehung des Bankwesens in der Renaissance war jedoch nicht frei von Risiken und Herausforderungen. Banken waren oft anfällig für wirtschaftliche Krisen, politische Intrigen und den Verlust von Vertrauen. Die Medici-Bank beispielsweise erlitt im späten 15. Jahrhundert mehrere Rückschläge, die schließlich zu ihrem Untergang führten. Eine schlechte Kreditvergabe, politische Konflikte und der zunehmende Wettbewerb anderer Finanzhäuser brachten das einst so mächtige Institut zu Fall. Ähnliche Entwicklungen ereigneten sich in anderen Teilen Europas, wo Bankhäuser unter den Belastungen von Kriegen und wirtschaftlichen Turbulenzen zusammenbrachen.

Dennoch hinterließ die Geburt des Finanzkapitals ein bleibendes Erbe. Die Banken der Renaissance legten den Grundstein für die modernen Finanzsysteme, die unsere Welt bis heute prägen. Sie schufen neue Formen des Reichtums und der Macht, die nicht mehr an physische Ressourcen gebunden waren, sondern auf Netzwerken, Vertrauen und Innovation basierten. Diese Transformation hatte tiefgreifende Auswirkungen auf die Gesellschaften Europas, indem sie neue Eliten hervorbrachte und die wirtschaftlichen Grundlagen traditioneller Machtstrukturen erschütterte.

Die Geschichte der Banken in der Renaissance zeigt, wie eng wirtschaftlicher Erfolg und politischer Einfluss miteinander verbunden sind. Die Geburt des Finanzkapitals war nicht nur ein ökonomisches, sondern auch ein soziales und politisches Phänomen, das die Machtverhältnisse in Europa nachhaltig veränderte. Es war eine Zeit, in der Geld zu einer universellen Sprache wurde, die Grenzen und Kulturen überwand und eine neue Ära der Globalisierung einleitete. Die Banken der Renaissance waren die Architekten dieser neuen Welt, und ihre Innovationen und Machtansprüche legten den Grundstein für die oligarchischen Strukturen, die in den folgenden Jahrhunderten weiter wachsen sollten.

Kolonialismus und Oligarchie

Die Geschichte des Kolonialismus ist untrennbar mit der Macht und dem Einfluss der großen Handelskompanien verbunden, die vom späten 16. bis zum 19. Jahrhundert die globale Expansion ihrer Mutterländer vorantrieben. Diese Unternehmen waren weit mehr als bloße wirtschaftliche Organisationen: Sie waren die Architekten eines weltweiten Handelsnetzes, das Rohstoffe, Kulturen und Machtverhältnisse veränderte. Gleichzeitig bildeten sie oligarchische Strukturen, die ihre Kontrolle auf politischer, wirtschaftlicher und militärischer Ebene ausweiteten und eine neue Dimension der Herrschaft schufen.

Im Mittelpunkt dieser Entwicklung standen zwei der bekanntesten Handelskompanien der Geschichte: die Niederländische Ostindien-Kompanie (VOC) und die Britische Ostindien-Kompanie (EIC). Diese Organisationen waren keine gewöhnlichen Unternehmen; sie waren mit außergewöhnlichen Privilegien ausgestattet, die sie zu halbstaatlichen Akteuren machten. Sie besaßen das Recht, Verträge mit ausländischen Mächten abzuschließen, Kriege zu führen, Münzen zu prägen und Territorien zu verwalten. Diese Kompetenzen machten sie zu treibenden Kräften der kolonialen Expansion und zugleich zu Werkzeugen der Machtkonzentration.

Die Niederländische Ostindien-Kompanie, gegründet 1602, war ein Pioniermodell des modernen Kapitalismus. Als erstes

Unternehmen, das Anteile an der Börse ausgab, sammelte sie enorme Summen von Investoren ein. Diese Mittel nutzte die VOC, um Handelsrouten zu etablieren, Stützpunkte in Asien zu errichten und den lukrativen Gewürzhandel zu kontrollieren. Der Einfluss der VOC erstreckte sich weit über die Wirtschaft hinaus. In den von ihr kontrollierten Gebieten, wie etwa auf den Molukken oder in Batavia (dem heutigen Jakarta), regierte sie mit einer Mischung aus wirtschaftlicher Macht und militärischer Präsenz. Ihre Gouverneure und Offiziere fungierten de facto als Kolonialherren, die lokale Strukturen unterdrückten und europäische Interessen durchsetzten.

Die Britische Ostindien-Kompanie, gegründet 1600, folgte einem ähnlichen Modell, entwickelte jedoch ihren eigenen Charakter. Während sie zunächst auf den Handel mit Indien und Ostasien fokussiert war, dehnte sie ihre Aktivitäten im Laufe der Zeit auf die direkte politische Kontrolle aus. Im 18. Jahrhundert verwandelte sie sich von einer Handelsgesellschaft in eine Regierungsinstitution, die große Teile Indiens verwaltete. Der Sieg in der Schlacht von Plassey 1757 markierte den Beginn einer Ära, in der die EIC nicht nur wirtschaftliche, sondern auch politische und militärische Macht ausübte. Sie erhob Steuern, führte Kriege und schuf ein Verwaltungssystem, das Indien für fast zwei Jahrhunderte prägen sollte.

Die Handelskompanien waren jedoch nicht allein in ihrer oligarchischen Struktur. Sie waren Teil eines größeren Netzwerks von Eliten, das Kaufleute, Bankiers und Politiker umfasste. In Europa sorgten diese Netzwerke dafür, dass die Gewinne aus den Kolonien in die Hände weniger flossen. Investoren in den Handelskompanien, oft aus wohlhabenden Familien, erhielten Dividenden, die aus der Ausbeutung fremder Länder stammten. Gleichzeitig kontrollierten sie über ihre wirtschaftliche Macht auch politische Entscheidungen in ihren Heimatländern. Die Verbindung von Kapital und Politik machte die Handelskompanien zu mächtigen Akteuren, die sowohl die Innen- als auch die Außenpolitik ihrer Nationen beeinflussten.

Die globale Expansion der Handelskompanien hatte tiefgreifende Folgen. In den Kolonien führte sie zur Enteignung und Unterdrückung der lokalen Bevölkerung. Die wirtschaftlichen Interessen der Kompanien standen oft im direkten Widerspruch zu den Bedürfnissen der Menschen vor Ort. Plantagenwirtschaft, Monokulturen und Zwangsarbeit wurden zur Norm, während lokale Strukturen zerstört und traditionelle Wirtschaftsweisen verdrängt wurden. Dies führte nicht nur zu Armut und sozialem Zerfall, sondern auch zu langfristigen Abhängigkeiten, die viele ehemalige Kolonien bis heute prägen.

Gleichzeitig veränderten die Handelskompanien auch die Weltwirtschaft. Durch die Kontrolle über wichtige Handelsrouten und Rohstoffe schufen sie ein globales Netz, das Europa zum Zentrum der wirtschaftlichen Macht machte. Gewürze, Tee, Zucker und Baumwolle wurden zu Symbolen des Wohlstands und ermöglichten es den Handelskompanien, ihre Dominanz weiter auszubauen. Doch diese Dominanz war nicht unumstritten. Widerstand und Aufstände, sowohl in den Kolonien als auch in den Heimatländern, begleiteten die gesamte

Geschichte des Kolonialismus. Die *Boston Tea Party* von 1773, ein Protest gegen die Monopolpolitik der EIC, ist ein bekanntes Beispiel für die Spannungen, die die Handelskompanien verursachten.

Die Handelskompanien legten auch den Grundstein für moderne Formen der multinationalen Unternehmen. Ihre Organisationsstrukturen, ihre globale Reichweite und ihre Fähigkeit, politische Macht auszuüben, sind Vorläufer dessen, was heute als Corporate Power bezeichnet wird. Sie zeigten, wie Kapital auf globaler Ebene mobilisiert und genutzt werden kann, um nicht nur wirtschaftliche, sondern auch soziale und politische Veränderungen herbeizuführen. Gleichzeitig werfen sie die Frage auf, wie solche Machtkonzentrationen reguliert und kontrolliert werden können – eine Frage, die bis heute relevant bleibt.

Die Geschichte der Handelskompanien ist eine Geschichte von Macht und Oligarchie. Sie zeigt, wie wirtschaftliche Interessen zur treibenden Kraft der kolonialen Expansion wurden und wie diese Expansion die Welt veränderte. Sie ist aber auch eine Mahnung, wie leicht wirtschaftliche Macht in Ausbeutung und Unterdrückung umschlagen kann. Die Handelskompanien waren nicht nur die Architekten eines globalen Handelsnetzwerks, sondern auch die Begründer eines Systems, das Reichtum und Privilegien in den Händen weniger konzentrierte – ein System, dessen Auswirkungen wir bis heute spüren.

Die industrielle Revolution

Die industrielle Revolution war eine Epoche des Umbruchs, die die Welt grundlegend veränderte. Sie markierte den Übergang von einer agrarisch geprägten Gesellschaft zu einer industrialisierten Welt, in der Maschinen, Fabriken und neue Technologien das Leben bestimmten. Diese Transformation brachte nicht nur immense technische Fortschritte mit sich, sondern führte auch zu einer beispiellosen Konzentration von Reichtum und Kapital. Neue Formen des wirtschaftlichen Einflusses entstanden, die das Machtgefüge der Gesellschaft neu definierten und oligarchische Strukturen in einer nie dagewesenen Dimension hervorbrachten.

Mit der Erfindung von Maschinen wie der Dampfmaschine und dem mechanischen Webstuhl begann eine Ära, in der Produktivität und Effizienz exponentiell zunahmen. Fabriken ersetzten die traditionellen Werkstätten, und die Möglichkeit, Güter in großem Maßstab zu produzieren, eröffnete völlig neue Märkte. Doch diese technologische Revolution war ungleich verteilt: Während große Teile der Bevölkerung als Arbeiterinnen und Arbeiter in den Fabriken unter oft menschenunwürdigen Bedingungen beschäftigt waren, profitierten wenige Unternehmer und Investoren von den enormen Gewinnen, die die Industrialisierung ermöglichte. Diese Gruppe von Kapitalbesitzern wurde zur neuen Elite, deren Einfluss weit über die Wirtschaft hinausreichte.

Ein herausragendes Beispiel für die neue Kapitalelite dieser Zeit sind die Industriellen des 19. Jahrhunderts in Großbritannien. Männer wie Richard Arkwright, der als einer der Begründer der Fabrikindustrie gilt, oder *Isambard Kingdom Brunel*, der bedeutende Infrastrukturprojekte leitete, wurden zu Symbolfiguren des industriellen Fortschritts. Ihr Erfolg basierte nicht nur auf Innovationen und Unternehmergeist, sondern auch auf der Fähigkeit, große Mengen an Kapital zu mobilisieren. Diese Kapitalanhäufung war eine direkte Folge der neuen Produktionsmethoden, die enorme Gewinne ermöglichten, während die Produktionskosten durch billige Arbeitskräfte niedrig gehalten wurden.

Die industrielle Revolution brachte auch eine Neuordnung der Finanzwelt mit sich. Banken und Investitionsgesellschaften spielten eine zentrale Rolle bei der Bereitstellung des Kapitals, das für den Bau von Fabriken, Eisenbahnen und anderen Infrastrukturprojekten benötigt wurde. Die Londoner Börse wurde zu einem wichtigen Zentrum des globalen Kapitalflusses, und Aktiengesellschaften boten eine neue Möglichkeit, in die Industrie zu investieren. Diese Entwicklung führte zu einer verstärkten Konzentration von Kapital in den Händen weniger, die nicht nur über den Zugang zu finanziellen Ressourcen, sondern auch über die Kontrolle von Schlüsselindustrien verfügten.

Ein besonders markantes Beispiel für diese Dynamik war die Eisenbahnindustrie. Der Bau von Eisenbahnnetzen war eines der teuersten und ambitioniertesten Projekte der industriellen Revolution. Unternehmen, die in der Lage waren, die benötigten finanziellen Mittel aufzubringen, erhielten enorme Macht. Sie bestimmten nicht nur die Richtung des wirtschaftlichen Wachstums, sondern auch die Entwicklung ganzer Regionen. Die Familie Vanderbilt in den Vereinigten Staaten ist ein Beispiel für die Macht, die durch den Besitz von Eisenbahnunternehmen entstehen konnte. Cornelius Vanderbilt, auch als *Eisenbahnkönig* bekannt, baute ein Imperium auf, das ihm nicht nur wirtschaftlichen, sondern auch politischen Einfluss verschaffte.

Die industrielle Revolution veränderte auch die soziale Struktur der Gesellschaft. Während die traditionellen Eliten des Adels weiterhin Landbesitz als Quelle ihrer Macht betrachteten, erkannten die neuen Industriellen, dass Kapitalmobilität und Innovation die Grundlage für modernen Reichtum waren. Diese neue Elite, oft als *industrielle Bourgeoisie* bezeichnet, entwickelte eigene Netzwerke und Institutionen, um ihre Interessen zu fördern. Handelskammern, Wirtschaftsvereinigungen und Banken wurden zu Instrumenten, um den Einfluss dieser Gruppe zu sichern und auszubauen.

Doch die Konzentration von Kapital hatte auch Schattenseiten. Die Arbeitsbedingungen in den Fabriken waren oft katastrophal, und die soziale Ungleichheit nahm dramatisch zu. Städte wie Manchester in England oder Lowell in den Vereinigten Staaten wurden zu Zentren der Industrie, in denen Tausende von Arbeitern unter prekären Bedingungen lebten. Während die Industriellen in Luxus schwelgten, kämpfte die Arbeiterklasse um ihr Überleben. Diese Ungleichheit führte zu sozialen Spannungen und war der Nährboden für politische Bewegungen, die gegen die Macht der Kapitalelite aufbegehrten.

Eine der bedeutendsten Reaktionen auf die sozialen Missstände der industriellen Revolution war die Entstehung der Arbeiterbewegung. Gewerkschaften und politische Parteien wie die Sozialdemokraten in Europa traten für die Rechte der Arbeiter ein und forderten Reformen, um die Macht der Industriellen zu begrenzen. Diese Bewegungen waren oft ein direktes Ergebnis der extremen Konzentration von Kapital und der daraus resultierenden sozialen Ungleichheit. Sie zeigten, dass die industrielle Revolution nicht nur eine Geschichte von Fortschritt und Innovation war, sondern auch von Konflikt und Widerstand.

Die Auswirkungen der industriellen Revolution auf die globale Wirtschaft waren enorm. Europa und Nordamerika wurden zu den Zentren der industriellen Produktion, während andere Teile der Welt zu Rohstofflieferanten degradiert wurden. Diese Ungleichheit im globalen Wirtschaftssystem verstärkte die Dominanz der industrialisierten Länder und legte die Grundlage für koloniale Ausbeutung und wirtschaftliche Abhängigkeiten, die bis heute nachwirken. Die Konzentration von Kapital in den Händen weniger Staaten und Unternehmen führte zu einer neuen Form von globaler Oligarchie, die nicht mehr nur auf nationaler Ebene, sondern auch international operierte.

Die industrielle Revolution war somit weit mehr als eine technische Transformation. Sie veränderte die Grundlagen von Macht und Reichtum und schuf neue oligarchische Strukturen, die auf der Konzentration von Kapital und Kontrolle über Schlüsselindustrien basierten. Die Industriellen und Finanziers dieser Zeit waren nicht nur Unternehmer, sondern auch politische Akteure, die durch ihre wirtschaftliche Macht direkten Einfluss auf Regierungen und Gesellschaften ausübten. Ihr Vermächtnis ist bis heute spürbar, denn viele der Dynamiken, die in der industriellen Revolution ihren Ursprung haben, prägen die moderne Weltwirtschaft und die Verteilung von Macht und Reichtum weiterhin.

Politische Macht der Wenigen

Im 19. Jahrhundert, einem Zeitalter tiefgreifender Umwälzungen und Neuerungen, zeigte sich die politische Macht der Wenigen in bisher ungekanntem Ausmaß. Industrialisierung, Kolonialismus und die Entstehung moderner Nationalstaaten schufen neue Strukturen, in denen Vermögen und politischer Einfluss eng miteinander verflochten waren. Die Oligarchien dieser Epoche bestanden nicht mehr allein aus Adel und Monarchen, sondern wurden zunehmend von einer wirtschaftlichen Elite dominiert, deren Vermögen die Grundlage ihres politischen Einflusses bildete.

Die Entstehung dieser neuen Eliten war eng mit den wirtschaftlichen Entwicklungen des 19. Jahrhunderts verbunden. Die industrielle Revolution hatte eine Klasse von Industriellen und Finanziers hervorgebracht, die ihre Reichtümer durch die Kontrolle von Fabriken, Eisenbahnen, Bergwerken und Banken anhäuften. Diese neuen Reichen, die oft als ›industrielle Bourgeoisie‹ bezeichnet wurden, erkannten schnell, dass wirtschaftlicher Erfolg allein nicht ausreichte, um ihre Interessen langfristig zu sichern. Sie nutzten ihr Vermögen, um politische Macht zu erlangen und ihre Positionen innerhalb der Gesellschaft zu festigen.

Ein prominentes Beispiel für diesen Einfluss ist die Rolle der Eisenbahnindustrie in den Vereinigten Staaten. Der Bau von

Eisenbahnnetzen war eines der bedeutendsten Infrastrukturprojekte des Jahrhunderts, und die Unternehmen, die diese Netze kontrollierten, wurden zu den mächtigsten Akteuren der amerikanischen Wirtschaft. Männer wie Cornelius Vanderbilt, Leland Stanford und Jay Gould nutzten ihre finanziellen Ressourcen, um Politiker zu unterstützen, Gesetze zu beeinflussen und Monopole zu schaffen. Diese *Eisenbahnkönige* hatten nicht nur die Kontrolle über die Wirtschaft, sondern auch über die politischen Prozesse, die ihre Geschäfte betrafen. Es war nicht ungewöhnlich, dass Wahlkampagnen von Industriellen finanziert wurden, die im Gegenzug regulatorische Vorteile oder lukrative Regierungsaufträge erwarteten.

Auch in Europa war die Verbindung zwischen Vermögen und politischer Macht unübersehbar. In Großbritannien spielten die Bankiersfamilien der Rothschilds eine zentrale Rolle in der Politik des 19. Jahrhunderts. Ihr finanzielles Netzwerk, das sich über den gesamten Kontinent erstreckte, ermöglichte es ihnen, Regierungen Kredite zu gewähren und damit entscheidenden Einfluss auf politische Entscheidungen zu nehmen. Während der Napoleonischen Kriege finanzierte die Rothschild-Bank die britische Kriegsführung und festigte so ihre Position als unverzichtbarer Partner der Regierung. Ihr Einfluss reichte jedoch weit über Großbritannien hinaus, da sie auch in Frankreich, Österreich und anderen Ländern als Kreditgeber auftraten.

Ein weiteres Beispiel für die politische Macht der Wenigen findet sich im Russland des späten 19. Jahrhunderts. Hier entstand eine enge Verbindung zwischen der aufstrebenden Industriellenklasse und dem zaristischen Regime. Unternehmen, die in der Schwerindustrie oder im Rohstoffsektor tätig waren, erhielten großzügige Subventionen und staatliche Unterstützung, während sie im Gegenzug die politische Agenda des Zaren unterstützten. Diese symbiotische Beziehung zwischen Wirtschaft und Politik führte dazu, dass eine kleine Gruppe von Industriellen erheblichen Einfluss auf die nationale Politik ausübte.

Die Macht der Reichen beschränkte sich jedoch nicht nur auf die nationale Ebene. Im Zuge des Kolonialismus nutzten viele wirtschaftliche Eliten ihre Ressourcen, um globale Einflussbereiche zu schaffen. Handelskompanien wie die Britische Ostindien-Kompanie und die Niederländische Ostindien-Kompanie hatten bereits im 18. Jahrhundert gezeigt, wie wirtschaftlicher Erfolg in politische Macht umgewandelt werden konnte. Im 19. Jahrhundert setzten Unternehmen wie die *Royal Niger Company* oder die *Hudson's Bay Company* diese Tradition fort, indem sie ganze Regionen kontrollierten und deren Ressourcen ausbeuteten. Diese Unternehmen agierten oft wie souveräne Staaten und hatten ihre eigenen Armeen, Gesetzgebungen und Verwaltungssysteme.

Die politische Macht der Wenigen war jedoch nicht unumstritten. Die Konzentration von Reichtum und Einfluss führte zu sozialer Ungleichheit und löste Proteste aus, die sich in politischen Bewegungen und Reformen niederschlugen. In Großbritannien führte dies zur Reform Act von 1832, der das Wahlrecht auf breitere Bevölkerungsschichten ausweitete und die Macht der alten Eliten einschränkte. Doch obwohl solche Reformen die politische Landschaft veränderten, blieben die wirtschaftlichen Eliten einflussreich. Sie fanden Wege, ihre Interessen zu wahren, sei es durch Lobbyarbeit, Medienkontrolle oder die Unterstützung bestimmter politischer Kandidaten.

Auch in den Vereinigten Staaten kam es zu Konflikten zwischen der wirtschaftlichen Elite und der breiten Bevölkerung. Die Arbeiterbewegung, die in der zweiten Hälfte des 19. Jahrhunderts an Stärke gewann, forderte bessere Arbeitsbedingungen, höhere Löhne und mehr Mitsprache in politischen Prozessen. Streiks wie der Pullman-Streik von 1894 zeigten, wie tief die Spannungen zwischen den Industriellen und den Arbeitern waren. Die Reaktion der Regierung, die oft auf der Seite der Industriellen stand, verdeutlichte, wie stark die wirtschaftlichen Eliten in den politischen Prozess eingebunden waren.

Im 19. Jahrhundert zeigte sich die politische Macht der Wenigen auch in der internationalen Diplomatie. Konferenzen und Verhandlungen wurden oft von wirtschaftlichen Interessen geprägt, und Länder handelten nicht selten im Namen ihrer Industriellen. Die Berliner Konferenz von 1884–1885, bei der die Aufteilung Afrikas unter den europäischen Kolonialmächten beschlossen wurde, ist ein Beispiel dafür, wie wirtschaftliche Interessen politische Entscheidungen bestimmten. Die beteiligten Mächte handelten im Interesse ihrer wirtschaftlichen Eliten, die Zugang zu Rohstoffen und Märkten suchten.

Die politische Macht der Wenigen im 19. Jahrhundert war ein komplexes Phänomen, das auf der Verbindung von Vermögen, wirtschaftlichem Einfluss und politischer Kontrolle beruhte. Sie zeigte, wie eng die wirtschaftlichen und politischen Eliten miteinander verwoben waren und wie schwer es für die breitere Bevölkerung war, diesen Einfluss zu durchbrechen. Gleichzeitig legte sie den Grundstein für viele der politischen und sozialen Strukturen, die die Welt des 20. und 21. Jahrhunderts prägen sollten. Die Geschichte dieser Epoche ist eine Erinnerung daran, wie mächtig wirtschaftlicher Einfluss sein kann und wie tief er die Gesellschaft formen kann.

Monopole und Kartelle

Das frühe 20. Jahrhundert war eine Zeit der industriellen Dominanz und wirtschaftlichen Machtkonzentration. Die Industrialisierung hatte im 19. Jahrhundert die Grundlage für eine neue Ära des Kapitalismus gelegt, und mit der Jahrhundertwende erreichte die Ballung wirtschaftlicher Macht in Form von Monopolen und Kartellen ihren Höhepunkt. Diese Strukturen beeinflussten nicht nur die Wirtschaft, sondern auch Politik, Gesellschaft und internationale Beziehungen. Die Macht der Industrie wurde zu einem bestimmenden Merkmal der modernen Welt, das bis heute nachhallt.

Eines der herausragenden Beispiele für die Konzentration von Macht war die Standard Oil Company, gegründet von John D. Rockefeller. Dieses Unternehmen, das in der zweiten Hälfte des 19. Jahrhunderts begann, dominierte zu Beginn des 20. Jahrhunderts den amerikanischen Ölmarkt. Durch aggressive Geschäftspraktiken, Übernahmen und die Kontrolle von Schlüsselbereichen der Ölproduktion und -verarbeitung schuf Rockefeller ein nahezu vollständiges Monopol. Standard Oil kontrollierte nicht nur die Rohstoffgewinnung, sondern auch die Raffination, den Transport und den Vertrieb. Diese vertikale Integration ermöglichte es dem Unternehmen, Preise zu diktieren und Wettbewerber systematisch aus dem Markt zu drängen. Obwohl das Unternehmen 1911 durch ein Urteil des Obersten Gerichtshofs der Vereinigten Staaten in mehrere kleinere Firmen aufgeteilt wurde, bleibt Standard Oil ein Symbol für die Macht und die Gefahren wirtschaftlicher Monopolisierung.

Neben Monopolen wie Standard Oil spielten Kartelle eine entscheidende Rolle bei der Machtballung in der Industrie. Ein Kartell ist eine Vereinbarung zwischen Unternehmen, die darauf abzielt, den Wettbewerb zu begrenzen, Preise zu kontrollieren oder Märkte aufzuteilen. Im frühen 20. Jahrhundert wurden Kartelle in vielen Branchen gebildet, von der Stahlproduktion bis zur chemischen Industrie. Diese Absprachen ermöglichten es den beteiligten Unternehmen, ihre Profite zu maximieren, indem sie Konkurrenz ausschalteten und den Markt untereinander aufteilten. Ein bekanntes Beispiel ist die Internationale Stahlkartell, das von großen europäischen und amerikanischen Stahlproduzenten gegründet wurde, um Preise und Produktionsquoten zu regulieren. Obwohl Kartelle oft inoffiziell und geheim operierten, hatten sie tiefgreifende Auswirkungen auf die Wirtschaft und die Gesellschaft.

Die chemische Industrie bietet ein weiteres eindrucksvolles Beispiel für die Machtballung im frühen 20. Jahrhundert. Unternehmen wie BASF, Bayer und Hoechst bildeten in Deutschland die sogenannte IG Farben, ein riesiges Chemiekartell, das fast alle Aspekte der chemischen Produktion kontrollierte. IG Farben spielte nicht nur eine zentrale Rolle in der Wirtschaft, sondern auch in der Politik, insbesondere während der beiden Weltkriege. Die Verflechtung von wirtschaftlicher Macht und politischem Einfluss, die durch solche Kartelle möglich wurde, veränderte die globale Landschaft nachhaltig.

Die Macht der Monopole und Kartelle war jedoch nicht unangefochten. In vielen Ländern wuchs der Widerstand gegen die wirtschaftliche Konzentration und ihre negativen Folgen. In den Vereinigten Staaten führte dies zur Einführung von Kartellgesetzen wie dem *Sherman Antitrust Act* von 1890 und dem *Clayton Antitrust Act* von 1914. Diese Gesetze zielten darauf ab, Monopole zu zerschlagen, Wettbewerbspraktiken zu fördern und die Macht der Industrie zu begrenzen. Trotz dieser Bemühungen blieben viele Monopole und Kartelle bestehen, oft in veränderter Form. Unternehmen passten sich an die neuen rechtlichen Rahmenbedingungen an, indem sie ihre Aktivitäten verschleierten oder neue Formen der Kooperation entwickelten, die schwer zu regulieren waren.

Die Auswirkungen der Machtballung in der Industrie gingen weit über die Wirtschaft hinaus. Monopole und Kartelle hatten einen tiefgreifenden Einfluss auf die Politik, da ihre finanzielle Stärke es ihnen ermöglichte, politische Entscheidungen zu beeinflussen. Unternehmen unterstützten Wahlkampagnen, finanzierten Lobbyarbeit und setzten Regierungen unter Druck, Gesetze in ihrem Sinne zu gestalten. Diese Verflechtung von Wirtschaft und Politik führte zu einer zunehmenden Entfremdung zwischen den Eliten und der breiten Bevölkerung, die sich durch soziale Ungleichheit und wirtschaftliche Unsicherheit benachteiligt fühlte.

Ein besonders kontroverser Aspekt der Machtballung im frühen 20. Jahrhundert war ihre Rolle in internationalen Konflikten. Die Kontrolle über Ressourcen und Märkte wurde zu einem zentralen Faktor geopolitischer Spannungen. Der Kampf um Rohstoffe wie Öl, Kohle und Metalle trug zur Eskalation von Konflikten bei, darunter der Erste Weltkrieg. Unternehmen mit Monopolstellungen profitierten oft direkt von diesen Kriegen, indem sie die Nachfrage nach ihren Produkten ausnutzten und enorme Gewinne erzielten.

Die sozialen und kulturellen Folgen der industriellen Dominanz waren ebenfalls erheblich. Die Konzentration von Kapital und Macht in den Händen weniger Unternehmen und Einzelpersonen führte zu einer Spaltung der Gesellschaft in eine wohlhabende Elite und eine breite Masse von Arbeitern, die oft unter prekären Bedingungen lebten. Diese Ungleichheit führte zu sozialen Spannungen und war der Nährboden für politische Bewegungen wie den Sozialismus und den Kommunismus, die gegen die Macht der Industrie aufbegehrten. Gleichzeitig prägte die industrielle Macht die Kultur des frühen 20. Jahrhunderts, von der Architektur der Wolkenkratzer, die das wirtschaftliche Prestige der Unternehmen symbolisierten, bis hin zu den Werbekampagnen, die den Konsum als neuen Wert propagierten.

Die Geschichte der Monopole und Kartelle im frühen 20. Jahrhundert ist eine Geschichte von Macht und Einfluss, von Innovation und Ausbeutung. Sie zeigt, wie wirtschaftliche Strukturen die Gesellschaft formen und wie schwer es ist, die Konzentration von Macht zu regulieren. Die Lehren aus dieser Epoche sind heute relevanter denn je, da wir uns erneut mit Fragen der wirtschaftlichen Konzentration und ihrer Auswirkungen auf Politik und Gesellschaft auseinandersetzen müssen.

Oligarchien in Diktaturen

Die Verbindung zwischen politischer Macht und wirtschaftlichem Einfluss ist in Diktaturen besonders ausgeprägt. In autoritären Systemen, in denen die Macht in den Händen weniger liegt, entstehen oft enge Verflechtungen zwischen politischen Führern und wirtschaftlichen Eliten. Diese Beziehung, geprägt von gegenseitigem Nutzen und Abhängigkeit, schafft oligarchische Strukturen, die sowohl die Stabilität als auch die Ausbeutung solcher Regime fördern.

Diktaturen nutzen wirtschaftliche Macht als Werkzeug, um ihre Herrschaft zu festigen. Gleichzeitig erkennen wirtschaftliche Eliten in autoritären Systemen die Möglichkeit, ihre Interessen durch enge Beziehungen zur politischen Führung zu schützen und zu erweitern. Diese Symbiose führt zu einer Machtkonzentration, die weitreichende Auswirkungen auf die Gesellschaft hat.

Ein anschauliches Beispiel für diese Verflechtung findet sich in der Sowjetunion unter Josef Stalin. Während die Wirtschaft offiziell staatlich kontrolliert wurde, existierte eine informelle Klasse von Parteieliten, die Zugang zu Ressourcen und Privilegien hatte. Diese sogenannten *Nomenklatura-Mitglieder* waren nicht nur politisch mächtig, sondern kontrollierten auch wesentliche Teile der Wirtschaft. Durch ihre Position konnten sie Entscheidungen beeinflussen, die ihnen persönlich und ihrer

Stellung innerhalb des Systems zugutekamen. Obwohl das System offiziell auf Gleichheit und Gemeinschaft basierte, schuf die enge Verbindung zwischen politischer Macht und wirtschaftlichem Einfluss eine oligarchische Struktur, die weit entfernt von den ideologischen Grundsätzen des Kommunismus war.

Auch in faschistischen Regimen zeigt sich die Machtkonzentration durch die Verbindung von Politik und Wirtschaft. In Italien unter Benito Mussolini und in Deutschland unter Adolf Hitler spielten wirtschaftliche Eliten eine entscheidende Rolle bei der Konsolidierung der Macht. Mussolinis Korporatismus brachte Wirtschaft und Staat in eine enge Zusammenarbeit, wobei Unternehmen, die sich dem Regime unterordneten, von großzügigen Verträgen und staatlicher Unterstützung profitierten. Ähnlich förderte Hitler deutsche Großkonzerne wie Krupp, Thyssen und IG Farben, die vom Wiederaufrüstungsprogramm und der Ausbeutung von Zwangsarbeitern profitierten. Diese Unternehmen wurden nicht nur wirtschaftlich gestärkt, sondern erhielten auch politischen Einfluss, indem sie sich in die Ziele des Regimes einfügten.

Diktaturen schaffen häufig geschlossene Netzwerke, in denen politische und wirtschaftliche Eliten zusammenarbeiten, um ihre Macht zu sichern. Diese Netzwerke basieren auf persönlicher Loyalität und gegenseitigen Abhängigkeiten. In modernen autoritären Staaten wie Russland oder China zeigt sich, wie diese Verflechtung funktioniert. In Russland unter Wladimir Putin sind die sogenannten Oligarchen ein integraler Bestandteil des politischen Systems. Diese extrem wohlhabenden Geschäftsleute, die ihren Reichtum oft durch Privatisierungen in den 1990er Jahren erlangten, unterstützen das Regime durch finanzielle Beiträge und politische Loyalität. Im Gegenzug erhalten sie Schutz und Zugang zu weiteren wirtschaftlichen Möglichkeiten. Diese Beziehung ist jedoch keine gleichberechtigte Partnerschaft; Putin hat wiederholt gezeigt, dass er bereit ist, Oligarchen zu bestrafen oder zu enteignen, die seine Autorität infrage stellen.

In China unter der Kommunistischen Partei Chinas (KPCh) ist die Verflechtung von Politik und Wirtschaft subtiler, aber ebenso wirksam. Führende Parteikader und ihre Familien kontrollieren oft Schlüsselindustrien und nutzen ihre Position, um wirtschaftlichen Einfluss auszuüben. Gleichzeitig bleibt die Partei der zentrale Machtfaktor, der wirtschaftliche Akteure kontrolliert und reguliert. Diese Balance zwischen Kontrolle und Kooperation schafft ein System, in dem wirtschaftliche Eliten eng mit der politischen Führung verbunden sind, während die Partei ihre dominierende Rolle beibehält.

Die Auswirkungen dieser Verflechtungen auf die Gesellschaft sind tiefgreifend. In Diktaturen, in denen wirtschaftliche Ressourcen in den Händen weniger konzentriert sind, entstehen oft extreme soziale Ungleichheiten. Diese Ungleichheiten werden durch die Tatsache verschärft, dass wirtschaftlicher Erfolg nicht unbedingt auf Innovation oder Unternehmergeist basiert, sondern auf der Nähe zur Macht. Unternehmen und Einzelpersonen, die keine Verbindungen zur politischen Führung haben, finden sich häufig in einer benachteiligten Position wieder, während diejenigen, die Teil des Netzwerks sind, unverhältnismäßige Vorteile genießen.

Ein weiteres Merkmal oligarchischer Strukturen in Diktaturen ist die Unterdrückung von Opposition und unabhängigen Stimmen. Die Verbindung von wirtschaftlicher und politischer Macht ermöglicht es autoritären Regimen, kritische Stimmen zum Schweigen zu bringen, indem sie finanzielle Sanktionen verhängen, Unternehmen boykottieren oder Medien kontrollieren. Diese Mechanismen sorgen dafür, dass die Machtkonzentration nicht nur erhalten bleibt, sondern auch gegen mögliche Bedrohungen abgeschirmt wird.

Die Verbindung von Politik und Wirtschaft in Diktaturen hat auch internationale Auswirkungen. Autoritäre Regime nutzen ihre wirtschaftlichen Ressourcen oft, um ihren Einfluss über ihre Grenzen hinaus auszuweiten. Dies zeigt sich beispielsweise in der Praxis, strategische Industrien oder Infrastrukturen in anderen Ländern zu kontrollieren. Chinas ›Belt and Road‹-Initiative ist ein modernes Beispiel dafür, wie wirtschaftliche Macht genutzt wird, um geopolitische Ziele zu verfolgen. Durch Investitionen in Infrastrukturprojekte in Asien, Afrika und Europa schafft China wirtschaftliche Abhängigkeiten, die seine politische Position stärken.

Die enge Verflechtung von politischer Macht und wirtschaftlichem Einfluss in Diktaturen verdeutlicht, wie Oligarchien in autoritären Systemen entstehen und bestehen. Sie zeigt, wie wirtschaftliche Eliten die politischen Strukturen nicht nur unterstützen, sondern auch von ihnen profitieren. Gleichzeitig verdeutlicht sie die tiefgreifenden sozialen und politischen Konsequenzen, die diese Machtkonzentration mit sich bringt. Oligarchien in Diktaturen sind nicht nur ein Mittel zur Machtsicherung, sondern auch ein Hindernis für gesellschaftlichen Fortschritt und demokratische Entwicklung. Ihr Erbe ist ein System, in dem die wenigen Privilegierten dominieren, während die breite Masse der Bevölkerung marginalisiert wird.

Die Oligarchien des Kalten Krieges

Der Kalte Krieg, der die Welt von der Mitte des 20. Jahrhunderts bis zum Fall der Berliner Mauer im Jahr 1989 prägte, war nicht nur ein geopolitischer Konflikt zwischen Ost und West. Es war auch eine Zeit, in der sich Machteliten auf beiden Seiten der ideologischen Spaltung herausbildeten und ihre Positionen festigten. Diese Eliten, die sowohl politisch als auch wirtschaftlich agierten, nutzten die Spannungen des Kalten Krieges, um ihre Macht zu erweitern und zu sichern. Ihre Strategien und Strukturen waren dabei eng mit den politischen Systemen verbunden, denen sie angehörten, und offenbarten gleichzeitig faszinierende Parallelen und Unterschiede.

Im Westen, angeführt von den Vereinigten Staaten, spielte die Wirtschaft eine zentrale Rolle bei der Herausbildung und Festigung von Machteliten. Nach dem Ende des Zweiten Weltkriegs waren die USA nicht nur die führende Militärmacht, sondern auch die dominierende Wirtschaftsmacht der Welt. Diese Position ermöglichte es einer kleinen Gruppe von Industriekapitänen, Finanziers und Politikern, ein eng verflochtenes Netzwerk zu schaffen, das die wirtschaftliche und politische Agenda des Landes bestimmte. Unternehmen wie General Motors, Boeing und IBM wurden zu Symbolen dieses neuen Kapitalismus, während ihre Führungskräfte oft direkte oder indirekte Verbindungen zur Regierung hatten. Diese Verflechtungen manifestierten sich in der sogenannten ›militärisch-industriellen Komplex‹, einem Begriff, der von Präsident Dwight D. Eisenhower geprägt wurde, um auf die enge Beziehung zwischen Militär, Wirtschaft und Politik hinzuweisen.

Der militärisch-industrielle Komplex war nicht nur ein wirtschaftliches Phänomen, sondern auch ein politisches. Unternehmen, die Waffen und andere militärische Güter produzierten, beeinflussten maßgeblich die Verteidigungspolitik der Vereinigten Staaten. Diese Unternehmen profitierten enorm von den hohen Verteidigungsausgaben, die durch die Spannungen des Kalten Krieges gerechtfertigt wurden. Gleichzeitig arbeiteten sie eng mit der Regierung zusammen, um sicherzustellen, dass diese Ausgaben aufrechterhalten wurden. Dieser Einfluss erstreckte sich auch auf die Medien und die öffentliche Meinung, da viele dieser Unternehmen über die Mittel verfügten, um Propaganda zu finanzieren und Narrative zu kontrollieren, die ihre Interessen förderten.

Auf der anderen Seite des Eisernen Vorhangs, in der Sowjetunion und ihren Satellitenstaaten, existierten Machteliten, die auf völlig andere Weise entstanden, jedoch ähnliche Muster von Einfluss und Kontrolle zeigten. In den kommunistischen Regimen war die politische Macht offiziell zentralisiert, doch hinter den Kulissen operierte eine privilegierte Klasse von Funktionären und Bürokraten, die über immense Ressourcen und Entscheidungsgewalt verfügte. Diese sogenannten Nomenklatura-Mitglieder waren die eigentlichen Oligarchen der sozialistischen Systeme. Sie kontrollierten die Wirtschaft, indem sie Schlüsselpositionen in staatlichen Unternehmen und Institutionen besetzten, und nutzten ihre Positionen, um sich Zugang zu Privilegien zu verschaffen, die der breiten Bevölkerung verwehrt blieben.

Die sowjetische Nomenklatura agierte oft in Netzwerken, die auf Loyalität und gegenseitigem Schutz basierten. Diese Netzwerke ermöglichten es ihren Mitgliedern, politischen Einfluss in wirtschaftliche Vorteile umzuwandeln und umgekehrt. Obwohl die Ideologie des Kommunismus offiziell Gleichheit propagierte, schuf die Nomenklatura eine Gesellschaft, in der eine kleine Elite überproportional von den Ressourcen und Privilegien profitierte. Diese Diskrepanz zwischen offizieller Rhetorik und tatsächlicher Machtverteilung war eines der Markenzeichen der sozialistischen Oligarchien.

Die ideologische Spaltung zwischen Ost und West führte dazu, dass beide Machteliten nicht nur innerhalb ihrer eigenen Systeme agierten, sondern auch aktiv daran arbeiteten, die Schwächen der jeweils anderen Seite auszunutzen. Im Westen wurden wirtschaftliche Sanktionen und Handelsbeschränkungen eingesetzt, um den Osten zu destabilisieren, während die kommunistischen Regime Geheimdienste und Propaganda nutzten, um politische und soziale Bewegungen im Westen zu beeinflussen. Diese gegenseitigen Versuche, Einfluss zu gewinnen, schufen eine zusätzliche Ebene der Machtpolitik, die die Oligarchien auf beiden Seiten des Kalten Krieges weiter stärkte.

Ein bemerkenswertes Beispiel für die Verflechtung von Machteliten und ideologischer Strategie war die Kuba-Krise von 1962. Während die Öffentlichkeit die Krise als einen Konflikt zwischen zwei Supermächten wahrnahm, agierten hinter den Kulissen Netzwerke von Militärs, Politikern und Beratern, die ihre eigenen Interessen verfolgten. In den Vereinigten Staaten spielte die Rüstungsindustrie eine entscheidende Rolle, da sie von der Eskalation der Spannungen profitierte. In der Sowjetunion nutzte die Nomenklatura die Krise, um ihre Macht zu konsolidieren und die Kontrolle über die Gesellschaft zu verstärken.

Die Machteliten des Kalten Krieges waren jedoch nicht statisch. In den 1980er Jahren begannen sich sowohl im Osten als auch im Westen Veränderungen abzuzeichnen, die die bestehenden Strukturen in Frage stellten. In den Vereinigten Staaten führte die neoliberale Wirtschaftspolitik von Präsident Ronald Reagan zu einer weiteren Konzentration von Reichtum und Einfluss, während gleichzeitig der soziale und wirtschaftliche Druck auf die Arbeiterklasse zunahm. Diese Entwicklungen schufen eine neue Klasse von Oligarchen, die ihren Reichtum vor allem in den Bereichen Technologie und Finanzen machten.

In der Sowjetunion und den anderen sozialistischen Staaten führte die wirtschaftliche Stagnation der 1980er Jahre zu einer Krise der Nomenklatura. Reformen wie die Perestroika unter Michail Gorbatschow sollten das System modernisieren, führten jedoch letztlich zu seinem Zusammenbruch. Mit dem Ende des Kalten Krieges und dem Zerfall der Sowjetunion entstanden in den ehemaligen kommunistischen Staaten neue Machteliten, die oft aus den Reihen der alten Nomenklatura stammten und die Privatisierung staatlicher Unternehmen nutzten, um immense Reichtümer anzuhäufen. Diese neuen Oligarchien waren ein direktes Erbe der Machtstrukturen des Kalten Krieges.

Die Oligarchien des Kalten Krieges zeigen, wie eng politischer und wirtschaftlicher Einfluss miteinander verbunden sein können, selbst in Systemen mit unterschiedlichen ideologischen Grundlagen. Sie verdeutlichen, wie Machteliten die Spannungen und Konflikte ihrer Zeit nutzten, um ihre Positionen zu stärken, und wie diese Strukturen auch nach dem Ende des Kalten Krieges weiterbestehen. Ihre Geschichte ist ein faszinierendes Kapitel in der Entwicklung moderner Oligarchien und ein Schlüssel zum Verständnis der globalen Machtverhältnisse bis heute.

Öl und Ressourcen

Rohstoffe waren seit jeher eine treibende Kraft hinter der Konzentration von Macht und Reichtum. Doch kaum ein Rohstoff hat die Entstehung globaler Oligarchien so stark geprägt wie das Öl. Mit der industriellen Revolution und dem Aufstieg neuer Technologien wurde Öl zu einem der wertvollsten Güter der Welt. Sein Einfluss auf Wirtschaft, Politik und Gesellschaft führte dazu, dass sich rund um seine Förderung und Verteilung Netzwerke von Machteliten bildeten, die oft über nationale Grenzen hinaus operierten und die Geschicke ganzer Länder bestimmten.

Die Geschichte der modernen Ölindustrie beginnt im 19. Jahrhundert, als in den Vereinigten Staaten die ersten kommerziellen Ölbohrungen stattfanden. Die Entdeckung von Öl in Pennsylvania im Jahr 1859 markierte den Anfang einer Entwicklung, die die Weltwirtschaft revolutionieren sollte. Unternehmer wie John D. Rockefeller erkannten schnell das Potenzial dieses Rohstoffs und bauten Imperien auf, die weit über die Kontrolle einzelner Bohrlöcher hinausgingen. Rockefellers Standard Oil Company dominierte nicht nur den amerikanischen Ölmarkt, sondern beeinflusste auch die globale Ölindustrie. Durch vertikale Integration und aggressive Geschäftspraktiken schuf Standard Oil ein Monopol, das den Weg für eine neue Art von Oligarchie ebnete, in der wirtschaftliche und politische Macht untrennbar miteinander verbunden waren.

Mit der zunehmenden Abhängigkeit der Weltwirtschaft von Öl stieg auch die geopolitische Bedeutung dieses Rohstoffs. Der Zugang zu Ölreserven wurde zu einem entscheidenden Faktor in der internationalen Politik, und Länder mit großen Vorkommen entwickelten sich oft zu Schauplätzen von Machtkämpfen. Ein eindrucksvolles Beispiel ist der Nahe Osten, eine Region, die bis heute das Zentrum der globalen Ölproduktion ist. Die Entdeckung von Öl im Iran, Irak, Saudi-Arabien und den Golfstaaten führte zu einem beispiellosen wirtschaftlichen Aufschwung, aber auch zu tiefgreifenden sozialen und politischen Veränderungen. Internationale Ölkonzerne wie BP (ehemals *Anglo-Persian Oil Company*) und *Royal Dutch Shell* spielten eine zentrale Rolle bei der Ausbeutung dieser Ressourcen und schufen dabei Netzwerke von Einfluss und Kontrolle, die bis in die höchsten politischen Ebenen reichten.

Die enge Verbindung zwischen Öl und Politik wurde besonders während des 20. Jahrhunderts deutlich. Die Gründung der Organisation erdölexportierender Länder (OPEC) im Jahr 1960 war ein Versuch der ölproduzierenden Länder, ihre Ressourcen unter eigene Kontrolle zu bringen und sich gegen die Dominanz westlicher Konzerne zu wehren. Die OPEC entwickelte sich schnell zu einem mächtigen Kartell, das in der Lage war, die Weltwirtschaft durch die Kontrolle der Ölpreise und der Fördermengen zu beeinflussen. Die Ölkrise von 1973, ausgelöst durch ein Embargo der OPEC-Staaten, zeigte eindrucksvoll, wie stark die Abhängigkeit der westlichen Länder von diesem Rohstoff war. Gleichzeitig stärkte die Krise die Macht der ölproduzierenden Länder, deren Regierungen und Eliten ihren neuen Reichtum nutzten, um ihre politischen und wirtschaftlichen Ziele voranzutreiben.

Doch der Einfluss von Öl beschränkte sich nicht nur auf die Produzenten. Auch in den konsumierenden Ländern bildeten sich oligarchische Strukturen, die eng mit der Ölindustrie verflochten waren. In den Vereinigten Staaten beispielsweise hatte die Ölindustrie einen enormen Einfluss auf die Politik, indem sie Lobbyarbeit betrieb, Wahlkampagnen finanzierte und Gesetze beeinflusste. Große Unternehmen wie ExxonMobil oder Chevron spielten eine entscheidende Rolle bei der Gestaltung der Energiepolitik und trugen dazu bei, dass die Interessen der Industrie oft über den Umweltschutz und andere gesellschaftliche Belange gestellt wurden. Diese Machtkonzentration führte zu einer Situation, in der die Entscheidungen weniger Unternehmen und Individuen die Energieversorgung und die wirtschaftliche Entwicklung ganzer Nationen bestimmten.

Die Auswirkungen der Ressourcenkontrolle auf die globale Machtverteilung sind tiefgreifend. In vielen rohstoffreichen Ländern führte die Konzentration von Reichtum in den Händen weniger Eliten zu extremer sozialer Ungleichheit. Länder wie Nigeria oder Venezuela, die über immense Ölreserven verfügen, sind Beispiele für sogenannte *Ressourcenfluch*-Staaten, in denen die Einnahmen aus dem Rohstoffsektor oft nicht zur Entwicklung der Gesellschaft genutzt werden, sondern in den Taschen einer kleinen Elite verschwinden. Diese Oligarchien, die durch Korruption und Klientelismus gestützt werden, tragen dazu bei, dass Armut und politische Instabilität trotz des Rohstoffreichtums anhalten.

Gleichzeitig zeigt sich, wie Öl als Machtinstrument genutzt werden kann. Länder wie Russland oder Saudi-Arabien haben wiederholt ihre Kontrolle über die Ölproduktion eingesetzt, um geopolitischen Druck auszuüben. Russlands staatlich kontrollierte Energiekonzerne, wie Gazprom und Rosneft, sind nicht nur wirtschaftliche Giganten, sondern auch Werkzeuge der Außenpolitik. Durch die Manipulation von Gas- und Ölpreisen sowie den Zugang zu Energiequellen haben sie erheblichen Einfluss auf andere Länder, insbesondere in Europa. Diese Form der wirtschaftlichen Machtprojektion ist ein charakteristisches Merkmal moderner Oligarchien, die Rohstoffe als Hebel nutzen, um politische und wirtschaftliche Ziele zu erreichen.

Die Rolle von Öl und Ressourcen bei der Entstehung globaler Oligarchien verdeutlicht, wie eng wirtschaftliche und politische Macht miteinander verwoben sind. Rohstoffe wie Öl sind nicht nur Güter, die gehandelt und konsumiert werden, sondern auch Werkzeuge, die genutzt werden können, um Macht zu sichern und auszuweiten. Die Geschichte der Ölindustrie zeigt, wie diese Machtkonzentration nicht nur die wirtschaftliche Entwicklung, sondern auch die gesellschaftlichen und politischen Strukturen beeinflusst hat. Sie verdeutlicht auch die Herausforderungen, die mit der Kontrolle über Ressourcen verbunden sind, und die langfristigen Auswirkungen, die diese Kontrolle auf die globale Machtverteilung hat.

Technologie und Digitalisierung

Im 21. Jahrhundert hat die rasante Entwicklung von Technologie und Digitalisierung eine neue Ära der Machtkonzentration eingeläutet. Die Oligarchien dieser Zeit unterscheiden sich in ihrer Struktur und ihrem Einfluss von den traditionellen Formen, die auf Landbesitz, Rohstoffen oder industrieller Produktion basierten. Stattdessen dominieren Tech-Giganten und digitale Plattformen, die durch die Kontrolle von Daten, Netzwerken und Innovationen eine neue Dimension der Macht erreicht haben. Diese neuen Oligarchien prägen nicht nur die Wirtschaft, sondern auch die Gesellschaft und Politik in einem Ausmaß, das bis vor wenigen Jahrzehnten undenkbar schien.

Die Grundlage der neuen digitalen Oligarchien bildet die schier grenzenlose Skalierbarkeit von Technologieunternehmen. Plattformen wie Google, Facebook (heute Meta), Amazon und Apple haben Geschäftsmodelle geschaffen, die auf der Sammlung und Verarbeitung riesiger Datenmengen basieren. Diese Unternehmen verfügen über die Fähigkeit, durch Algorithmen und künstliche Intelligenz sowohl das Verhalten ihrer Nutzer zu analysieren als auch zu beeinflussen. Daten sind zur wertvollsten Ressource des digitalen Zeitalters geworden, und ihre Kontrolle hat es einer kleinen Gruppe von Unternehmen ermöglicht, Märkte zu dominieren und den Zugang zu Informationen zu steuern.

Ein prägnantes Beispiel ist Google, das durch seine Suchmaschine eine nahezu monopolartige Stellung bei der Organisation und Bereitstellung von Informationen erlangt hat. Google entscheidet, welche Inhalte sichtbar sind, und beeinflusst so, welche Themen diskutiert und welche Meinungen geformt werden. Diese Macht über die Informationsökonomie ist eine zentrale Komponente der digitalen Oligarchien. Ähnlich verhält es sich mit Facebook, das durch seine sozialen Netzwerke die Art und Weise, wie Menschen kommunizieren, grundlegend verändert hat. Gleichzeitig ist das Unternehmen in der Lage, durch gezielte Werbemaßnahmen und Algorithmen Meinungen zu beeinflussen und politische Kampagnen zu unterstützen oder zu untergraben.

Amazon, als einer der größten Online-Händler der Welt, hat nicht nur den Einzelhandel revolutioniert, sondern auch eine beispiellose Kontrolle über die Lieferketten und den Zugang zu Konsumgütern erlangt. Sein Einfluss reicht von der Preisgestaltung bis zur Logistik, und durch die Nutzung von *Cloud-Computing*-Diensten hat Amazon auch die digitale Infrastruktur von Unternehmen und Regierungen unter seine Kontrolle gebracht. Diese Dominanz ist nicht nur wirtschaftlich, sondern auch politisch relevant, da sie es Amazon ermöglicht, Regulierungen zu beeinflussen und seine Position auf den globalen Märkten weiter auszubauen.

Die neuen Oligarchien des 21. Jahrhunderts zeichnen sich auch durch ihre globale Reichweite aus. Im Gegensatz zu den Oligarchien früherer Epochen, die oft auf nationale oder regionale Kontexte beschränkt waren, operieren die heutigen Tech-Giganten in einem vollständig globalisierten Rahmen. Ihre Netzwerke überschreiten nationale Grenzen und schaffen Verbindungen, die politische Systeme herausfordern und teilweise untergraben. So stehen Unternehmen wie Facebook oder Twitter im Zentrum politischer Auseinandersetzungen, wenn es um die Verbreitung von Desinformationen oder die Einschränkung von Meinungsfreiheit geht. Die Regierungen sehen sich zunehmend mit der Frage konfrontiert, wie sie diese Macht regulieren können, ohne die Innovationskraft zu gefährden.

Ein weiterer wichtiger Aspekt der digitalen Oligarchien ist die Rolle von Investoren und Kapital. Unternehmen wie Tesla oder SpaceX, angeführt von charismatischen Persönlichkeiten wie Elon Musk, zeigen, wie eng Technologie, Innovation und Kapital miteinander verwoben sind. Diese Tech-Visionäre werden oft als Einzelkämpfer dargestellt, doch ihr Erfolg beruht auf einem Netzwerk aus Investoren, Forschungseinrichtungen und politischen Förderungen. Die Macht, die sie durch ihre technologischen Errungenschaften erlangen, geht weit über die Wirtschaft hinaus und beeinflusst globale Diskurse zu Themen wie Klimawandel, Raumfahrt oder künstliche Intelligenz.

Die Konzentration von Macht und Reichtum in den Händen weniger Tech-Giganten hat jedoch auch Schattenseiten. Kritiker werfen diesen Unternehmen vor, Monopole zu bilden, die den Wettbewerb ersticken und Innovationen behindern. Gleichzeitig wird die gesellschaftliche Verantwortung der digitalen Oligarchen infrage gestellt, da ihre Entscheidungen oft weitreichende Konsequenzen für die Demokratie und die soziale Gerechtigkeit haben. Datenschutzskandale, wie die Enthüllungen rund um *Cambridge Analytica*, zeigen, wie die Nutzung persönlicher Daten für wirtschaftliche oder politische Zwecke missbraucht werden kann. Diese Entwicklungen werfen Fragen nach der Verantwortung und den ethischen Standards der neuen Oligarchien auf.

Die Rolle der digitalen Oligarchien im 21. Jahrhundert ist nicht nur wirtschaftlich und technologisch, sondern auch kulturell prägend. Unternehmen wie Netflix, Spotify oder YouTube haben die Art und Weise, wie wir Unterhaltung konsumieren, revolutioniert. Sie bestimmen, welche Inhalte verfügbar sind und wie sie präsentiert werden, und beeinflussen so kulturelle Trends und gesellschaftliche Normen. Diese Kontrolle über die Kulturindustrie ist ein weiteres Beispiel für die weitreichende Macht der digitalen Eliten.

Die Frage, wie diese Macht reguliert werden kann, ist zu einem zentralen Thema der globalen Politik geworden. Regierungen auf der ganzen Welt suchen nach Wegen, um den Einfluss der digitalen Oligarchien einzudämmen, ohne die Innovation zu behindern. Europa hat mit der Einführung der Datenschutz-Grundverordnung (DSGVO) einen wichtigen Schritt unternommen, um den Schutz persönlicher Daten zu stärken. In den Vereinigten Staaten und China hingegen zeigt sich ein differenziertes Bild: Während in den USA der politische Wille zur Regulierung oft durch die Lobbyarbeit der Unternehmen geschwächt wird, nutzt China seine staatliche Kontrolle, um die Tech-Industrie sowohl zu fördern als auch zu überwachen.

Die neuen Oligarchien des digitalen Zeitalters sind ein Spiegelbild der Veränderungen, die die Technologie in unsere Gesellschaft gebracht hat. Sie zeigen, wie wirtschaftliche Macht, Innovation und Kontrolle über Informationen neue Formen von Reichtum und Einfluss geschaffen haben. Gleichzeitig stellen sie eine Herausforderung für die demokratische Ordnung dar, da sie Fragen nach Machtkonzentration, Gerechtigkeit und gesellschaftlicher Verantwortung aufwerfen. Das 21. Jahrhundert steht erst am Anfang dieser Entwicklungen, doch schon jetzt ist klar, dass die digitalen Oligarchien eine zentrale Rolle bei der Gestaltung unserer Zukunft spielen werden.

Globalisierung und Netzwerke

Die Globalisierung hat die Weltwirtschaft in nie dagewesener Weise vernetzt und dabei eine neue Klasse transnationaler Eliten hervorgebracht. Diese Eliten, bestehend aus CEOs multinationaler Unternehmen, Investmentbankern, Politikern und einflussreichen Persönlichkeiten aus Kultur und Wissenschaft, agieren jenseits nationaler Grenzen und nutzen globale Netzwerke, um ihre Macht und ihren Einfluss zu konsolidieren. Sie repräsentieren eine Oligarchie, deren Entscheidungen nicht nur einzelne Nationen, sondern ganze Kontinente und Märkte beeinflussen.

Die Wurzeln dieser transnationalen Machteliten lassen sich bis ins späte 20. Jahrhundert zurückverfolgen, als Handels- und Kapitalströme zunehmend internationalisiert wurden. Multinationale Konzerne wie General Electric, Siemens oder Nestlé expandierten in neue Märkte, während Banken wie Goldman Sachs und JP Morgan globale Finanzstrukturen etablierten. Die Deregulierung der Finanzmärkte in den 1980er Jahren, angeführt von Regierungen wie der von Ronald Reagan in den USA und Margaret Thatcher in Großbritannien, eröffnete diesen Akteuren neue Möglichkeiten. Kapital konnte nun mit beispielloser Geschwindigkeit und Effizienz über Grenzen hinweg bewegt werden, und eine kleine Gruppe von Entscheidungsträgern kontrollierte immer größere Anteile des globalen Wohlstands.

Diese Netzwerke transnationaler Eliten sind nicht nur wirtschaftlicher Natur, sondern auch politisch und kulturell stark verankert. Organisationen wie das Weltwirtschaftsforum (WEF) in Davos, die Bilderberg-Gruppe oder die Trilaterale Kommission fungieren als Plattformen, auf denen sich die einflussreichsten Persönlichkeiten der Welt treffen, um Strategien und Visionen zu entwickeln. Offiziell sind diese Treffen darauf ausgerichtet, globale Herausforderungen wie den Klimawandel, die Digitalisierung oder soziale Ungleichheit zu adressieren. Kritiker werfen diesen Organisationen jedoch vor, intransparent zu agieren und die Interessen einer kleinen Elite zu fördern, die ihre Macht und Privilegien sichern möchte.

Ein zentraler Mechanismus, durch den transnationale Eliten ihren Einfluss ausüben, ist die Kontrolle über globale Finanzinstitutionen wie den Internationalen Währungsfonds (IWF) oder die Weltbank. Diese Organisationen wurden ursprünglich gegründet, um wirtschaftliche Stabilität zu fördern und Entwicklungsländer zu unterstützen. In der Praxis jedoch sind ihre Programme oft an Bedingungen geknüpft, die die Souveränität der betroffenen Länder einschränken und neoliberale Reformen erzwingen. Diese Reformen, wie die Privatisierung öffentlicher Güter oder der Abbau von Subventionen, haben in vielen Fällen zur Vertiefung sozialer Ungleichheit geführt, während sie gleichzeitig den Zugang multinationaler Konzerne zu neuen Märkten erleichterten.

Die Macht transnationaler Eliten zeigt sich auch in ihrer Fähigkeit, politische Prozesse zu beeinflussen. Großangelegte Lobbykampagnen, oft finanziert durch Unternehmen und vermögende Einzelpersonen, zielen darauf ab, Gesetzgebungen in ihrem Sinne zu gestalten. In den Vereinigten Staaten beispielsweise sind Wahlkampagnen stark von Spenden abhängig, die häufig von großen Unternehmen oder vermögenden Einzelpersonen stammen. Diese finanzielle Unterstützung sichert den Eliten nicht nur politischen Zugang, sondern oft auch direkte Einflussnahme auf Entscheidungen, die ihre Interessen betreffen.

Die technologischen Fortschritte des 21. Jahrhunderts haben die Reichweite und den Einfluss transnationaler Netzwerke weiter verstärkt. Digitale Plattformen wie Google, Facebook oder Amazon sind nicht nur wirtschaftliche Giganten, sondern auch mächtige Akteure im politischen und sozialen Diskurs. Ihre Algorithmen beeinflussen, welche Informationen Menschen sehen, während ihre Infrastruktur wesentliche Teile der globalen Kommunikation und des Handels ermöglicht. Die Kontrolle über diese Technologien verleiht ihren Führungspersönlichkeiten eine Macht, die weit über die von traditionellen Eliten hinausgeht.

Ein weiteres Merkmal der transnationalen Oligarchien ist ihre Fähigkeit, sich schnell an neue Herausforderungen und Chancen anzupassen. Der Klimawandel ist ein Beispiel dafür, wie diese Netzwerke sowohl Teil des Problems als auch Teil der Lösung sein können. Während viele multinationale Konzerne für einen erheblichen Anteil der globalen Emissionen verantwortlich sind, positionieren sich dieselben Unternehmen zunehmend als Vorreiter nachhaltiger Technologien. Diese doppelte Rolle ermöglicht es ihnen, ihre Kontrolle über zentrale Wirtschaftsbereiche zu behalten und gleichzeitig ihr Image als verantwortungsbewusste Akteure zu pflegen.

Doch die Macht und der Einfluss transnationaler Eliten stoßen auch auf Widerstand. Bewegungen wie ›Occupy Wall Street‹ oder die Proteste gegen Freihandelsabkommen wie TTIP und CETA sind Ausdruck einer wachsenden Skepsis gegenüber der Konzentration von Reichtum und Macht in den Händen weniger. Diese Proteste machen deutlich, dass die Legitimität transnationaler Eliten zunehmend infrage gestellt wird, insbesondere angesichts wachsender sozialer Ungleichheit und der Wahrnehmung, dass globale Institutionen oft die Interessen der Mächtigen über die der Allgemeinheit stellen.

Ein weiteres Spannungsfeld ist die Rolle nationaler Regierungen in einer globalisierten Welt. Während transnationale Eliten oft unabhängig von staatlichen Grenzen agieren, sehen sich Regierungen mit der Herausforderung konfrontiert, ihre nationale Souveränität zu bewahren. Dies führt zu einer paradoxen Situation: Einerseits sind Staaten auf die Zusammenarbeit mit multinationalen Unternehmen und Organisationen angewiesen, um wirtschaftliches Wachstum und Stabilität zu gewährleisten. Andererseits stehen sie unter Druck, die Interessen ihrer Bürger zu schützen und gegen die Machtkonzentration vorzugehen.

Die Globalisierung und die damit verbundenen Netzwerke transnationaler Eliten haben die Art und Weise, wie Macht ausgeübt wird, grundlegend verändert. Während traditionelle Oligarchien oft auf physische Ressourcen oder territoriale Kontrolle angewiesen waren, basiert die Macht der neuen Eliten auf ihrer Fähigkeit, Informationen, Kapital und Netzwerke zu mobilisieren. Diese Verschiebung hat eine neue Ära der Machtkonzentration eingeläutet, die sowohl Chancen als auch Herausforderungen mit sich bringt. Die Frage, wie diese Macht reguliert und kontrolliert werden kann, wird entscheidend dafür sein, wie die Globalisierung in den kommenden Jahrzehnten gestaltet wird.

Oligarchien und Demokratien

Die Demokratie gilt als die Regierungsform, in der Gleichheit und die Stimme des Einzelnen im Zentrum stehen. Doch diese idealistische Vorstellung wird in der Realität oft durch oligarchische Strukturen herausgefordert. In Demokratien existieren Spannungsfelder zwischen dem Versprechen politischer Gleichheit und dem Einfluss, den wirtschaftliche und gesellschaftliche Eliten ausüben können. Diese Dynamik ist kein neues Phänomen, sondern ein Grundthema in der Geschichte moderner Demokratien, das sich im Laufe der Zeit in verschiedenen Ausprägungen manifestiert hat.

Ein grundlegendes Spannungsfeld ergibt sich aus der Konzentration wirtschaftlicher Macht in den Händen weniger. Während demokratische Prinzipien darauf abzielen, Macht gleichmäßig zu verteilen, schaffen wirtschaftliche Ungleichheiten ein Ungleichgewicht, das den politischen Prozess beeinflusst. Unternehmen, Superreiche und andere einflussreiche Akteure nutzen ihre Ressourcen, um politische Entscheidungen zu ihren Gunsten zu lenken. Dies geschieht durch Lobbyarbeit, Wahlkampfspenden oder die Kontrolle über Medien. In den Vereinigten Staaten beispielsweise wurde das politische System durch Gerichtsurteile wie *Citizens United v. Federal Election Commission* von 2010 verändert, das Unternehmen und Einzelpersonen erlaubt, unbegrenzte Beträge in politische Kampagnen zu investieren. Dieses Urteil führte dazu, dass der Einfluss finanziell gut ausgestatteter Akteure auf den demokratischen Prozess deutlich zunahm.

Doch die Herausforderung durch oligarchische Strukturen beschränkt sich nicht auf die Vereinigten Staaten. Auch in Europa, wo viele Länder stolz auf ihre sozialen Sicherungssysteme und egalitären Traditionen sind, gibt es zahlreiche Beispiele für die Machtkonzentration in den Händen weniger. Oligarchische Strukturen zeigen sich hier häufig in der Verbindung zwischen Politik und Wirtschaft. Mächtige Unternehmen und Branchen, wie die Automobilindustrie in Deutschland oder die Finanzwirtschaft in Großbritannien, haben einen erheblichen Einfluss auf politische Entscheidungen. Dieser Einfluss kann dazu führen, dass demokratische Regierungen ihre Entscheidungen stärker an den Interessen der Wirtschaft ausrichten als an den Bedürfnissen der Bevölkerung.

Ein weiteres Spannungsfeld entsteht durch die Rolle der Medien in Demokratien. Freie und unabhängige Medien sind ein Eckpfeiler der Demokratie, da sie die Öffentlichkeit informieren und den Mächtigen Rechenschaft abverlangen sollen. Doch die Konzentration von Medienbesitz in den Händen weniger kann diese Funktion erheblich beeinträchtigen. In vielen Ländern kontrollieren einige wenige Unternehmen oder Einzelpersonen große Teile der Medienlandschaft. Diese Oligarchen nutzen ihre Macht, um die öffentliche Meinung zu beeinflussen und ihre politischen oder wirtschaftlichen Interessen zu fördern. Ein bekanntes Beispiel ist Rupert Murdoch, dessen Medienimperium, zu dem unter anderem Fox News und die Zeitung

The Sun gehören, erheblichen Einfluss auf die politische Landschaft in den Vereinigten Staaten, Großbritannien und Australien ausgeübt hat.

Die Konzentration von Macht und Einfluss in den Händen weniger gefährdet jedoch nicht nur die Gleichheit innerhalb von Demokratien, sondern auch das Vertrauen der Bürger in ihre politischen Institutionen. Wenn Menschen das Gefühl haben, dass politische Entscheidungen nicht zu ihrem Vorteil getroffen werden, sondern im Interesse einer kleinen Elite, schwindet das Vertrauen in die Demokratie als Regierungsform. Diese Entfremdung kann zu einem Anstieg populistischer Bewegungen führen, die sich oft gegen die bestehenden Machtstrukturen richten. Paradoxerweise kann dies dazu führen, dass Populisten selbst oligarchische Strukturen schaffen, indem sie ihre Macht konzentrieren und demokratische Prinzipien untergraben.

Ein weiteres Spannungsfeld zwischen Oligarchien und Demokratien zeigt sich auf globaler Ebene. In einer zunehmend vernetzten Welt können transnationale Unternehmen und Eliten nationale Regierungen unter Druck setzen. Diese Entwicklung wird durch die Globalisierung verstärkt, die es multinationalen Konzernen ermöglicht, ihre Aktivitäten über Grenzen hinweg zu verlagern und die Gesetze einzelner Staaten zu umgehen. Länder stehen oft vor dem Dilemma, zwischen der Anziehung von Investitionen und der Regulierung mächtiger Unternehmen wählen zu müssen. Diese Dynamik kann dazu führen, dass demokratische Prinzipien zugunsten wirtschaftlicher Interessen aufgegeben werden.

Gleichzeitig gibt es jedoch Ansätze, um den Einfluss oligarchischer Strukturen auf Demokratien zu begrenzen. In vielen Ländern wurden Gesetze eingeführt, die Transparenz und Rechenschaftspflicht fördern sollen. Beispiele hierfür sind Regelungen zur Begrenzung von Wahlkampfspenden, Offenlegungspflichten für Lobbyarbeit und Maßnahmen zur Förderung von Medienvielfalt. Solche Reformen können dazu beitragen, die Balance zwischen Einfluss und Gleichheit wiederherzustellen und das Vertrauen in demokratische Institutionen zu stärken.

Ein weiteres Potenzial zur Stärkung der Demokratie liegt in der digitalen Revolution. Plattformen wie soziale Medien können dazu beitragen, die politische Beteiligung zu erhöhen und den Einfluss der breiten Bevölkerung auf den politischen Prozess zu stärken. Gleichzeitig bergen sie jedoch die Gefahr, dass dieselben Technologien von oligarchischen Akteuren genutzt werden, um Desinformation zu verbreiten und politische Prozesse zu manipulieren. Die digitale Sphäre ist somit sowohl ein Schauplatz für demokratische Erneuerung als auch für oligarchische Einflussnahme.

Das Spannungsfeld zwischen Oligarchien und Demokratien ist ein komplexes und dynamisches Phänomen, das die Grundprinzipien der Demokratie auf die Probe stellt. Es zeigt, wie fragil das Gleichgewicht zwischen Einfluss und Gleichheit sein kann und wie wichtig es ist, Mechanismen zur Begrenzung von Machtkonzentration zu schaffen. Die Herausforderung besteht nicht nur darin, die bestehenden oligarchischen Strukturen zu reformieren, sondern auch darin, neue Formen der Machtkonzentration zu antizipieren und zu regulieren. Nur so kann das Versprechen der Demokratie – die Gleichheit aller Bürger vor dem Gesetz und ihre gleichberechtigte Teilnahme am politischen Prozess – langfristig bewahrt werden.

Kulturelle Unterschiede

Die Ausprägung oligarchischer Strukturen ist nicht universell, sondern wird stark von den kulturellen Kontexten geprägt, in denen sie entstehen. Unterschiedliche historische Entwicklungen, soziale Normen und Werte beeinflussen, wie Macht verteilt, ausgeübt und legitimiert wird. Diese kulturellen Unterschiede machen deutlich, dass Oligarchien nicht einfach nur das Ergebnis wirtschaftlicher oder politischer Faktoren sind, sondern tief in den gesellschaftlichen Strukturen verwurzelt sind.

In vielen asiatischen Gesellschaften, insbesondere in Ländern wie China, Japan und Südkorea, spielt die Idee von Kollektivität und Hierarchie eine zentrale Rolle bei der Entstehung und Akzeptanz oligarchischer Strukturen. In China etwa hat die konfuzianische Tradition, die Werte wie Loyalität, Respekt vor Autoritäten und die Bedeutung familiärer Bindungen betont, dazu beigetragen, dass Macht oft in engen Netzwerken von Parteikadern und wirtschaftlichen Eliten konzentriert ist. Diese Netzwerke agieren nicht isoliert, sondern sind eng mit der staatlichen Kontrolle und den politischen Zielen der Kommunistischen Partei verbunden. Die Legitimierung dieser Macht basiert auf der Vorstellung, dass sie dem Wohl des Kollektivs dient, auch wenn dies auf Kosten individueller Freiheiten geht.

Japan hingegen zeigt, wie oligarchische Strukturen durch enge Verbindungen zwischen Wirtschaft und Regierung gefestigt werden können. Das Phänomen der sogenannten ›Keiretsu‹ – Unternehmensnetzwerke, die durch gegenseitige Beteiligungen und persönliche Beziehungen verbunden sind – illustriert, wie tiefgreifend solche Verflechtungen sein können. Diese Strukturen fördern eine Konzentration von Ressourcen und Einfluss, die auf kulturellen Vorstellungen von gegenseitiger Verpflichtung und langfristigen Beziehungen basiert. Gleichzeitig zeigt Japan, wie oligarchische Strukturen trotz demokratischer Institutionen fortbestehen können, indem sie sich an veränderte wirtschaftliche und politische Bedingungen anpassen.

In westlichen Gesellschaften, insbesondere in Europa und Nordamerika, wird die Legitimation oligarchischer Strukturen oft durch die Idee des individuellen Erfolgs und der Meritokratie gestützt. Die Vorstellung, dass Reichtum und Einfluss das Ergebnis von harter Arbeit, Innovation und Talent sind, hat dazu beigetragen, wirtschaftliche Ungleichheiten zu normalisieren und zu rechtfertigen. Diese kulturelle Perspektive ermöglicht es wirtschaftlichen Eliten, ihren Einfluss auszuweiten, ohne als unrechtmäßig wahrgenommen zu werden. Gleichzeitig gibt es in diesen Gesellschaften eine lange Tradition des Widerstands gegen Machtkonzentration, die sich in Bewegungen wie dem Progressivismus in den USA oder den sozialdemokratischen Parteien Europas zeigt.

Afrikanische Gesellschaften bieten ein weiteres Beispiel dafür, wie Kultur die Ausprägung oligarchischer Strukturen beeinflusst. In vielen postkolonialen Staaten haben traditionelle Machtstrukturen, die auf Stammeszugehörigkeit und familiären Netzwerken basieren, die Entstehung moderner Oligarchien geprägt. Diese Strukturen sind oft eng mit der Kontrolle über natürliche Ressourcen wie Öl, Diamanten oder seltene Erden verbunden. Die Konzentration von Reichtum in den Händen weniger wird häufig durch korrupte Praktiken und politische Patronage gestützt, was zu sozialer Ungleichheit und politischer Instabilität führt.

Der Nahe Osten zeigt, wie religiöse und kulturelle Werte oligarchische Strukturen legitimieren können. In Ländern wie Saudi-Arabien oder den Vereinigten Arabischen Emiraten ist die Macht oft in den Händen von Herrscherfamilien konzentriert, deren Legitimation auf einer Kombination aus religiöser Autorität und wirtschaftlichem Einfluss basiert. Die Kontrolle über riesige Ölreserven hat es diesen Eliten ermöglicht, ihren Reichtum und ihre Macht global zu projizieren, während sie gleichzeitig durch kulturelle Normen wie die Betonung von Loyalität und Familienehre gestützt werden.

Lateinamerika wiederum bietet ein anderes Bild, geprägt von kolonialen Erbschaften und sozialen Hierarchien. In Ländern wie Brasilien oder Mexiko haben sich oligarchische Strukturen oft entlang ethnischer und klassistischer Linien entwickelt. Eine kleine Elite, die häufig europäischer Abstammung ist, kontrolliert große Teile der Wirtschaft, während indigene und afroamerikanische Bevölkerungsgruppen systematisch benachteiligt werden. Diese Machtkonzentration ist nicht nur wirtschaftlicher Natur, sondern wird auch durch politische Allianzen und die Kontrolle über Medien und Bildung aufrechterhalten.

Diese Beispiele zeigen, dass die kulturellen Kontexte, in denen oligarchische Strukturen entstehen, entscheidend dafür sind, wie sie sich ausprägen und legitimieren. Während in einigen Gesellschaften Hierarchie und Loyalität als natürliche Grundlagen für Macht gelten, betonen andere Gleichheit und individuelle Freiheit, auch wenn die Realität oft eine andere ist. Die Analyse dieser kulturellen Unterschiede ermöglicht ein tieferes Verständnis der Mechanismen, die hinter der Machtkonzentration stehen, und wirft die Frage auf, wie sie in verschiedenen Kontexten herausgefordert oder reformiert werden können.

Kulturelle Unterschiede verdeutlichen, dass Oligarchien keine monolithischen Strukturen sind, sondern dynamische Systeme, die sich an die jeweiligen gesellschaftlichen und historischen Gegebenheiten anpassen. Sie zeigen, wie eng Macht, Kultur und Geschichte miteinander verwoben sind, und eröffnen Perspektiven darauf, wie diese Verflechtungen in einer zunehmend globalisierten Welt aufgebrochen oder transformiert werden können.

Medien und Meinungsmacht

In einer Welt, die von Informationen beherrscht wird, ist die Kontrolle über deren Verbreitung eine der mächtigsten Formen der Einflussnahme. Medien, ob traditionell oder digital, bestimmen, welche Themen diskutiert werden, wie sie wahrgenommen werden und welche Perspektiven als legitim gelten. Diese Kontrolle über die Informationsströme hat im Laufe der Geschichte eine zentrale Rolle bei der Formierung oligarchischer Strukturen gespielt. Wer die Medien beherrscht, kontrolliert nicht nur die öffentliche Meinung, sondern auch die sozialen und politischen Narrative, die Gesellschaften formen.

Die Verflechtung von Medien und Macht ist kein neues Phänomen. Bereits im 19. Jahrhundert, mit der Verbreitung von Zeitungen als Massenmedium, wurde deutlich, wie zentral die Kontrolle über Informationen für den Machterhalt ist. Zeitungen wie der britische The Times oder die amerikanische New York Times waren nicht nur Nachrichtenlieferanten, sondern auch Werkzeuge, um politische Agenden voranzutreiben. Ihre Eigentümer und Herausgeber nutzten ihre Plattformen, um Meinungen zu formen und Einfluss auf Regierungen und öffentliche Institutionen zu nehmen. Diese frühen Medienoligarchen erkannten die Kraft der gedruckten Worte und ihre Fähigkeit, Massen zu mobilisieren oder zu beruhigen.

Mit dem Aufkommen des Rundfunks und später des Fernsehens im 20. Jahrhundert wurde die Meinungsbildung noch stärker zentralisiert. Große Medienkonzerne wie CBS, NBC oder BBC dominierten die Informationslandschaft und wurden zu den Torwächtern der öffentlichen Meinung. Diese Sender entschieden darüber, welche Nachrichten verbreitet und welche Stimmen gehört wurden. Die Macht dieser Unternehmen basierte nicht nur auf ihrer Reichweite, sondern auch auf ihrer Fähigkeit, eine vermeintliche Objektivität und Neutralität zu projizieren, die ihr Publikum oft unhinterfragt akzeptierte.

Die Konzentration von Medienbesitz in den Händen weniger Akteure hat diese Dynamik weiter verstärkt. Große Medienimperien wie das von Rupert Murdoch kontrollierte News Corp oder Bertelsmann in Deutschland haben die Fähigkeit, die globale Nachrichtenagenda zu bestimmen. Diese Konzerne besitzen oft eine Vielzahl von Medienplattformen, von Zeitungen und Magazinen über Fernsehsender bis hin zu digitalen Netzwerken, und können somit eine kohärente und umfassende Botschaft verbreiten. Diese Kontrolle ermöglicht es ihnen, politische Kampagnen zu unterstützen, wirtschaftliche Interessen zu fördern und kritische Stimmen zu marginalisieren.

Ein besonders eindrucksvolles Beispiel für die Macht der Medien ist ihre Rolle bei politischen Wahlen. In vielen Ländern wird die Berichterstattung über Kandidaten und Parteien maßgeblich von den Interessen der Medienbesitzer geprägt. Durch gezielte Berichterstattung, Auswahl oder Auslassung von Themen und die Inszenierung bestimmter Narrative können Medienunternehmen die Wahrnehmung der Wählerschaft beeinflussen und somit das Wahlergebnis maßgeblich beeinflussen. Diese Form der Macht ist subtil, aber äußerst effektiv, da sie auf der Annahme basiert, dass das Publikum die präsentierten Informationen als objektiv betrachtet.

Mit der Digitalisierung und dem Aufstieg der sozialen Medien hat die Kontrolle über Informationen eine neue Dimension erreicht. Plattformen wie Facebook, Twitter und YouTube haben die Art und Weise, wie Informationen verbreitet werden, radikal verändert. Sie haben zwar den Zugang zu Informationen demokratisiert, gleichzeitig aber auch neue Möglichkeiten der Manipulation geschaffen. Algorithmen entscheiden darüber, welche Inhalte sichtbar sind und welche nicht, basierend auf Kriterien, die oft undurchsichtig sind und von den Interessen der Plattformbetreiber abhängen. Diese Macht der Algorithmen hat dazu geführt, dass wenige Tech-Giganten eine beispiellose Kontrolle über den globalen Informationsfluss erlangt haben.

Die Kontrolle über soziale Medien hat auch die Verbreitung von Desinformationen und Propaganda erleichtert. Regierungen, Unternehmen und andere Akteure nutzen diese Plattformen, um gezielt Falschinformationen zu verbreiten und die öffentliche Meinung zu beeinflussen. Diese Form der Manipulation, oft als *Informationskrieg* bezeichnet, hat tiefgreifende Auswirkungen auf die Gesellschaften weltweit. Sie untergräbt das Vertrauen in traditionelle Medien, fördert Polarisierung und erschwert es den Bürgern, fundierte Entscheidungen zu treffen.

Die Macht der Medien und ihrer Besitzer endet jedoch nicht bei der Informationsverbreitung. Sie erstreckt sich auch auf die Kontrolle über kulturelle Narrative und soziale Normen. Hollywood, Streaming-Dienste wie Netflix und Musikplattformen wie Spotify spielen eine entscheidende Rolle bei der Gestaltung dessen, was als kulturell wertvoll oder akzeptabel gilt. Diese Unternehmen, die oft von wenigen mächtigen Akteuren kontrolliert werden, können durch ihre Inhalte gesellschaftliche Werte prägen und verstärken. Gleichzeitig haben sie die Möglichkeit, alternative Perspektiven auszublenden und die Vielfalt des kulturellen Ausdrucks zu begrenzen.

Trotz dieser Herausforderungen gibt es auch Bewegungen, die versuchen, die Kontrolle über die Medienlandschaft zu dezentralisieren. Investigative Journalisten, unabhängige Medien und gemeinnützige Plattformen bieten alternative Perspektiven und hinterfragen die Narrative der Mainstream-Medien. Diese Initiativen stehen jedoch oft vor erheblichen finanziellen und politischen Hürden, da sie gegen die geballte Macht der etablierten Medienkonzerne antreten müssen.

Die Kontrolle durch Informationsverbreitung ist eine der subtilsten und gleichzeitig mächtigsten Formen oligarchischer Strukturen. Sie zeigt, wie eng Medien und Macht miteinander verbunden sind und wie schwer es ist, diese Verbindung zu durchbrechen. In einer Zeit, in der Informationen allgegenwärtig sind und die Grenzen zwischen Wahrheit und Fiktion immer unschärfer werden, ist es wichtiger denn je, Mechanismen zu entwickeln, die Transparenz fördern, Machtkonzentration begrenzen und die Vielfalt der Meinungen schützen. Nur so kann gewährleistet werden, dass Medien nicht als Werkzeuge der Kontrolle, sondern als Plattformen für demokratische Teilhabe und freien Diskurs dienen.

Philanthropie oder Machterhalt?

Philanthropie, die vermeintlich selbstlose Förderung des Gemeinwohls, hat in den letzten Jahrzehnten eine zentrale Rolle im öffentlichen Bild mächtiger Eliten eingenommen. Stiftungen, großzügige Spenden und soziale Projekte prägen das Image von Milliardären und einflussreichen Akteuren, die sich als Wohltäter der Gesellschaft präsentieren. Doch hinter dieser Fassade des Altruismus verbergen sich oft ausgeklügelte Strategien der Selbstdarstellung und Einflussnahme, die darauf abzielen, Macht zu festigen und den gesellschaftlichen Status quo zugunsten der Mächtigen zu erhalten.

Die Geschichte der Philanthropie als Instrument der Machtausübung reicht weit zurück. Bereits im antiken Rom nutzten wohlhabende Bürger ihre Reichtümer, um öffentliche Bauprojekte zu finanzieren oder Brot an die Armen zu verteilen. Diese Wohltaten wurden nicht nur als moralische Verpflichtung verstanden, sondern dienten auch der Stärkung ihrer sozialen und politischen Position. Wer großzügig spendete, genoss Prestige und Loyalität in der Gemeinschaft, ein Prinzip, das bis heute fortbesteht.

Im modernen Kontext ist die Philanthropie von einer noch stärkeren Verflechtung mit Macht und Einfluss geprägt. Stiftungen wie die *Bill & Melinda Gates Foundation*, die Open Society Foundations von George Soros oder die Chan Zuckerberg Initiative haben durch ihre enormen Ressourcen die Möglichkeit, politische und soziale Agenden weltweit zu gestalten. Diese Organisationen investieren in Bildung, Gesundheit und soziale Projekte, was unbestreitbar positive Auswirkungen haben kann. Gleichzeitig lenken sie jedoch auch die Richtung, in die gesellschaftliche Veränderungen gehen, und nehmen Einfluss auf politische Entscheidungen, ohne den demokratischen Prozessen unterworfen zu sein.

Ein zentrales Merkmal dieser philanthropischen Strategien ist die Kontrolle über die Narrative, die mit diesen Wohltaten verbunden sind. Durch die gezielte Förderung bestimmter Projekte oder die Unterstützung von Medienkampagnen gestalten diese Eliten das öffentliche Bewusstsein. Die Konzentration auf Themen wie globale Gesundheit, Klimawandel oder Bildung mag altruistisch erscheinen, doch oft werden diese Agenden so ausgerichtet, dass sie den Interessen der Stiftungen und ihrer Gründer dienen. Kritiker werfen etwa der Gates-Stiftung vor, durch ihre Investitionen in Agrartechnologien und Biotechnologie die Dominanz multinationaler Konzerne zu fördern, an denen sie finanziell beteiligt ist.

Philanthropie wird auch als Mittel zur Verbesserung des persönlichen Images genutzt. Die großzügigen Spenden und sichtbaren Wohltaten lenken die Aufmerksamkeit von kontroversen oder kritischen Aspekten des wirtschaftlichen oder politischen Handelns der Spender ab. Dies wird oft als ›Reputation Washing‹ bezeichnet, eine Strategie, die darauf abzielt, Kritik zu entschärfen und öffentliche Anerkennung zu gewinnen. Ein prominentes Beispiel ist die Familie Sackler, deren Vermögen größtenteils aus der Produktion des Schmerzmittels *OxyContin* stammt, das im Zentrum der *Opioidkrise* in den Vereinigten Staaten steht. Durch großzügige Spenden an Kunst- und Kultureinrichtungen erwarb die Familie jahrzehntelang gesellschaftliches Ansehen, bis die öffentliche Wahrnehmung ihrer Rolle in der Krise ins Wanken geriet.

Darüber hinaus bietet Philanthropie eine Plattform für direkte politische Einflussnahme. Durch Spenden an politische Kampagnen, Think Tanks und Lobbyorganisationen haben vermögende Individuen und Unternehmen die Möglichkeit, politische Agenden zu gestalten und Gesetzgebungsprozesse zu beeinflussen. In den Vereinigten Staaten ist dies ein zentraler Bestandteil des politischen Systems, in dem Super-PACs (**P**olitical **A**ction **C**ommittees) riesige Summen sammeln und für politische Kampagnen einsetzen können. Diese Strukturen ermöglichen es Eliten, ihre Interessen zu wahren, oft auf Kosten des Gemeinwohls.

Die Steuerpolitik spielt eine weitere wichtige Rolle bei der Verflechtung von Philanthropie und Machterhalt. In vielen Ländern genießen Stiftungen und gemeinnützige Organisationen Steuervergünstigungen, was sie zu einem attraktiven Instrument macht, um Vermögen zu schützen und gleichzeitig Einfluss auszuüben. Indem sie Geld in philanthropische Projekte lenken, vermeiden die Superreichen nicht nur Steuern, sondern behalten auch die Kontrolle darüber, wie dieses Geld verwendet wird. Dies unterscheidet sich grundlegend von der staatlichen Umverteilung durch Steuereinnahmen, bei der die Mittel demokratischen Entscheidungsprozessen unterliegen.

Die internationalen Dimensionen der Philanthropie verstärken diese Dynamik. Stiftungen und NGOs agieren oft grenzüberschreitend und intervenieren in Entwicklungsländern, indem sie Projekte finanzieren und politische Agenden fördern. Während diese Interventionen oft im Namen des Fortschritts und der Modernisierung erfolgen, werfen sie komplexe Fragen nach Souveränität und kultureller Autonomie auf. Kritiker argumentieren, dass diese Form der Philanthropie eine neokoloniale Dimension hat, bei der mächtige Akteure aus dem globalen Norden ihre Vorstellungen und Prioritäten in den globalen Süden exportieren.

Die Beziehung zwischen Philanthropie und Machterhalt ist jedoch nicht nur von Kritik geprägt. Es gibt zahlreiche Fälle, in denen philanthropische Initiativen tatsächlich soziale Ungerechtigkeiten adressiert und positive Veränderungen bewirkt haben. Die Herausforderung besteht darin, zwischen echter Wohltätigkeit und strategischer Selbstdarstellung zu unterscheiden. Gleichzeitig stellt sich die Frage, ob eine solche Trennung überhaupt möglich ist, da die Motivation hinter philanthropischen Handlungen oft komplex und vielschichtig ist.

Die öffentliche Debatte über Philanthropie und Macht hat in den letzten Jahren an Intensität gewonnen. Bewegungen wie ›Tax the Rich‹ oder Initiativen zur Einführung globaler Mindeststeuern für Konzerne reflektieren das wachsende Bewusstsein für die Rolle von Eliten bei der Gestaltung der Gesellschaft. Diese Diskussionen zielen darauf ab, die Transparenz zu erhöhen und sicherzustellen, dass Philanthropie nicht als Deckmantel für Machtmissbrauch oder als Instrument zur Umgehung demokratischer Prozesse genutzt wird.

Die Frage, ob Philanthropie wirklich dem Gemeinwohl dient oder vor allem dem Machterhalt, bleibt letztlich eine der Perspektive und Interpretation. Was jedoch klar ist, ist die immense Macht, die mit der Kontrolle über Ressourcen und deren Verteilung einhergeht. Diese Macht erfordert eine kritische Auseinandersetzung und Mechanismen, die sicherstellen, dass sie verantwortungsvoll und im Interesse der Allgemeinheit genutzt wird. Nur so kann Philanthropie tatsächlich ihrem Anspruch gerecht werden, einen positiven Beitrag zur Gesellschaft zu leisten, anstatt die bestehenden Machtstrukturen weiter zu zementieren.

Kritik und Gegenbewegungen

Oligarchische Strukturen, die durch Konzentration von Macht und Einfluss in den Händen weniger gekennzeichnet sind, haben seit jeher Widerstand und Kritik hervorgerufen. Während sie oft als unvermeidlicher Bestandteil von Gesellschaften dargestellt werden, in denen wirtschaftlicher Erfolg und politischer Einfluss miteinander verflochten sind, formierten sich immer wieder Bewegungen, die sich gegen diese Ungleichheiten richteten. Diese Reaktionen reichen von intellektuellen Debatten über revolutionäre Bewegungen bis hin zu modernen Protesten, die durch soziale Medien verstärkt werden.

Bereits in der Antike gab es Widerstände gegen oligarchische Strukturen. In den griechischen Stadtstaaten waren Auseinandersetzungen zwischen oligarchischen Eliten und den breiten Bevölkerungsgruppen an der Tagesordnung. Die Demokratie Athens entstand nicht zuletzt als Antwort auf die Dominanz wohlhabender Familien, die den Zugang zu politischen Ämtern kontrollierten. In Rom waren die Konflikte zwischen Patriziern und Plebejern, den wohlhabenden und den weniger privilegierten Schichten, Ausdruck eines tiefen Widerstands gegen die Machtkonzentration. Diese Spannungen führten zu Reformen wie den Gesetzen der Volkstribune, die den Plebejern mehr Rechte einräumten und ein Gegengewicht zur Macht der Eliten schufen.

Die industrielle Revolution brachte eine neue Dimension der Oligarchie mit sich, als Industrielle und Unternehmer begannen, große Teile der Wirtschaft und Politik zu dominieren. Diese Konzentration von Macht rief soziale Bewegungen hervor, die auf Reformen und Gerechtigkeit drängten. Die Arbeiterbewegung des 19. Jahrhunderts ist ein bemerkenswertes Beispiel dafür. Gewerkschaften, Streiks und sozialistische Parteien entstanden als Reaktionen auf die Ausbeutung und Ungleichheit, die durch die Industrialisierung verschärft wurden. In Ländern wie Großbritannien führten diese Bewegungen zu Reformen wie dem Factory Act, der die Arbeitsbedingungen verbesserte, und zur Einführung des allgemeinen Wahlrechts, das die politische Macht der Arbeiterklasse stärkte.

Im 20. Jahrhundert erlebte die Welt eine neue Welle von Gegenbewegungen, die sich gegen oligarchische Strukturen richteten. Die Bürgerrechtsbewegung in den Vereinigten Staaten war nicht nur ein Kampf gegen rassistische Diskriminierung, sondern auch gegen die Machtkonzentration in den Händen weißer Eliten. Führer wie Martin Luther King Jr. und Organisationen wie die NAACP forderten nicht nur Gleichheit vor dem Gesetz, sondern auch wirtschaftliche Gerechtigkeit. Ähnlich kämpften die Befreiungsbewegungen in Afrika und Asien gegen die kolonialen Oligarchien, die durch die Ausbeutung der Ressourcen und die Unterdrückung lokaler Bevölkerungen ihre Macht aufrechterhielten. Diese Bewegungen, die oft von charismatischen Führern wie Nelson Mandela oder Mahatma Gandhi angeführt wurden, zeigten, dass Widerstand gegen oligarchische Strukturen global und vielfältig war.

Mit dem Aufkommen des Neoliberalismus in den 1980er Jahren nahm die Konzentration von Reichtum und Macht erneut zu, was neue Formen des Protests hervorbrachte. Bewegungen wie ›Occupy Wall Street‹ oder ›Blockupy‹ entstanden als Reaktion auf die Finanzkrisen und die wahrgenommene Ungerechtigkeit des globalen Wirtschaftssystems. Diese Bewegungen kritisierten die Macht der Banken und multinationalen Konzerne sowie die Ungleichheiten, die durch Steuervermeidung und Deregulierung entstanden. Sie nutzten soziale Medien, um ihre Botschaften zu verbreiten und globale Aufmerksamkeit zu erlangen, und brachten die Diskussion über wirtschaftliche Ungleichheit in den Mainstream.

Ein weiteres Beispiel für Widerstand gegen oligarchische Strukturen sind die Umweltbewegungen, die sich gegen die Kontrolle von Ressourcen durch wenige Eliten richten. Aktivisten wie Greta Thunberg und Organisationen wie *Extinction Rebellion* prangern an, dass Entscheidungen über die Nutzung von Ressourcen und die Zukunft des Planeten oft von einer kleinen, mächtigen Gruppe getroffen werden. Diese Bewegungen fordern eine stärkere Einbeziehung der Öffentlichkeit in Entscheidungsprozesse und kritisieren die enge Verflechtung von Politik und Wirtschaft, die oft auf Kosten der Umwelt und zukünftiger Generationen geht.

Trotz der Vielfalt und Stärke dieser Gegenbewegungen stehen sie vor erheblichen Herausforderungen. Oligarchische Strukturen sind oft tief in den gesellschaftlichen, wirtschaftlichen und politischen Systemen verwurzelt. Eliten nutzen ihre Ressourcen, um Reformen zu blockieren, Narrative zu kontrollieren und Widerstand zu unterdrücken. In vielen Fällen werden Protestbewegungen durch Repression, Spaltung oder Kooptation geschwächt. Dennoch zeigen Beispiele wie die Bürgerrechtsbewegung oder die Arbeiterbewegung, dass nachhaltige Veränderungen möglich sind, wenn Mobilisierung, Organisation und Durchhaltevermögen zusammenkommen.

Die heutige Herausforderung besteht darin, neue Formen des Widerstands zu entwickeln, die den globalisierten und digitalisierten Strukturen oligarchischer Macht gerecht werden. Dazu gehört die Nutzung moderner Technologien, um Transparenz zu fördern, Netzwerke zu schaffen und Solidarität über Grenzen hinweg aufzubauen. Es erfordert aber auch eine kritische Reflexion über die eigenen Werte und Ziele, um sicherzustellen, dass die Kämpfe gegen Ungleichheit und Ausbeutung tatsächlich zu einer gerechteren Gesellschaft führen.

Die Folgen für die Gesellschaft

Die Geschichte der Menschheit ist von Machtverhältnissen und sozialen Ungleichheiten durchzogen. Doch die Auswirkungen oligarchischer Strukturen auf Gesellschaften, insbesondere im modernen Kontext, sind tiefgreifender und komplexer als je zuvor. Diese Strukturen schaffen Machtgefälle, die nicht nur die wirtschaftliche Verteilung betreffen, sondern auch die sozialen, politischen und kulturellen Dynamiken einer Gesellschaft formen. Soziale Ungleichheit ist dabei nicht nur eine Folge oligarchischer Systeme, sondern auch ein Instrument, das deren Fortbestand sichert.

Ein zentrales Merkmal oligarchischer Strukturen ist die Konzentration von Reichtum in den Händen einer kleinen Elite. Diese Vermögenskonzentration führt zu einer Polarisierung der Gesellschaft, bei der die wohlhabendsten Mitglieder überproportional von wirtschaftlichem Wachstum profitieren, während große Teile der Bevölkerung mit stagnierenden oder sinkenden Einkommen zu kämpfen haben. Studien zeigen, dass diese Ungleichheit in den letzten Jahrzehnten weltweit zugenommen hat. In Ländern wie den Vereinigten Staaten kontrolliert das oberste Prozent der Bevölkerung einen erheblichen Anteil des gesamten Vermögens, während die Mittelschicht schrumpft und die unteren Einkommensgruppen zunehmend marginalisiert werden.

Diese wirtschaftliche Ungleichheit hat weitreichende soziale Folgen. Sie beeinflusst den Zugang zu grundlegenden Ressourcen wie Bildung, Gesundheit und Wohnraum. In oligarchisch geprägten Gesellschaften sind diese Bereiche oft von Marktmechanismen dominiert, die es den wohlhabenden Eliten ermöglichen, bessere Dienstleistungen zu erhalten, während ärmere Bevölkerungsschichten mit schlechteren Bedingungen leben müssen. Der Unterschied in der Qualität von Bildungseinrichtungen oder der Gesundheitsversorgung verfestigt die Ungleichheit über Generationen hinweg, da Kindern aus einkommensschwachen Familien weniger Chancen auf sozialen Aufstieg geboten werden.

Das Machtgefälle zwischen Eliten und der breiten Bevölkerung zeigt sich auch in der politischen Sphäre. Oligarchische Strukturen ermöglichen es einer kleinen Gruppe, politischen Einfluss zu nehmen, während die Stimmen der Mehrheit oft überhört werden. Dies führt zu einer Erosion demokratischer Prinzipien, da politische Entscheidungen zunehmend im Interesse der Wohlhabenden getroffen werden. Lobbyismus, Wahlkampffinanzierung und Medienkontrolle sind nur einige der Mechanismen, die den Einfluss der Eliten sichern und ihre Interessen schützen. Infolgedessen fühlen sich viele Bürger von den politischen Institutionen entfremdet und verlieren das Vertrauen in die Demokratie.

Die kulturellen Auswirkungen oligarchischer Strukturen sind ebenso bedeutend. Durch die Kontrolle über Medien, Bildung und kulturelle Institutionen prägen Eliten die Narrative, die in der Gesellschaft vorherrschen. Sie entscheiden, welche Themen diskutiert werden und welche Perspektiven Gehör finden. Diese Kontrolle über die öffentliche Meinung ermöglicht es ihnen, ihre Macht zu legitimieren und Widerstand zu unterdrücken. Gleichzeitig verstärken sie durch ihre kulturelle Dominanz den Eindruck, dass soziale Ungleichheit eine natürliche oder unvermeidbare Folge wirtschaftlicher Systeme ist.

Ein weiteres Problem, das durch oligarchische Strukturen verschärft wird, ist die soziale Fragmentierung. Wenn Macht und Ressourcen in den Händen weniger konzentriert sind, entstehen tiefe Gräben zwischen den sozialen Schichten. Diese Fragmentierung zeigt sich in Form von Wohnsegregation, Bildungsungleichheit und einer zunehmenden Kluft zwischen urbanen und ländlichen Gebieten. Die räumliche und soziale Distanz zwischen den Eliten und der breiten Bevölkerung fördert Misstrauen und Ressentiments, die die gesellschaftliche Kohäsion untergraben.

Die Umwelt ist ein weiterer Bereich, in dem die Auswirkungen oligarchischer Strukturen deutlich werden. Eliten, die von oligarchischen Systemen profitieren, haben oft wenig Anreize, nachhaltige Praktiken zu fördern, da ihr Reichtum und ihre Macht von ressourcenintensiven Industrien abhängen. Die Folgen sind Umweltzerstörung, Klimawandel und die Ausbeutung natürlicher Ressourcen, die in erster Linie die ärmsten und verletzlichsten Bevölkerungsgruppen treffen. Diese Umweltungerechtigkeit ist ein weiteres Beispiel dafür, wie oligarchische Strukturen soziale Ungleichheiten verschärfen.

Trotz dieser Herausforderungen gibt es auch Ansätze, um den negativen Folgen oligarchischer Strukturen entgegenzuwirken. Bewegungen für soziale Gerechtigkeit, die Förderung von Transparenz und Rechenschaftspflicht sowie politische Reformen sind wichtige Schritte, um die Machtkonzentration zu begrenzen und soziale Ungleichheiten zu verringern. Bildung spielt dabei eine Schlüsselrolle, da sie Menschen befähigt, die Mechanismen oligarchischer Systeme zu verstehen und sich für Veränderungen einzusetzen.

Die Folgen oligarchischer Strukturen für die Gesellschaft sind tiefgreifend und vielschichtig. Sie manifestieren sich in wirtschaftlicher Ungleichheit, politischer Entfremdung, sozialer Fragmentierung und Umweltzerstörung. Doch sie sind kein unveränderliches Schicksal. Die Geschichte zeigt, dass gesellschaftlicher Wandel möglich ist, wenn Menschen sich zusammenschließen und für Gerechtigkeit und Gleichheit kämpfen. In einer zunehmend vernetzten Welt gibt es mehr Möglichkeiten denn je, diese Kämpfe zu führen und eine Gesellschaft zu schaffen, die auf Teilhabe und Fairness basiert.

Zukünftige Entwicklungen

Die Zukunft oligarchischer Strukturen ist ein Thema, das in einer Welt des rasanten technologischen Wandels, globaler Vernetzung und wachsender sozialer Spannungen von besonderer Relevanz ist. Während die Geschichte zeigt, dass Oligarchien kommen und gehen, wirft die heutige Dynamik neue Fragen auf: Wie werden sich Machtkonzentration und Einflussnahme in einer zunehmend digitalisierten und globalisierten Welt entwickeln? Welche Szenarien können wir für die kommenden Jahrzehnte erwarten?

Technologische Oligarchien und ihre globale Dynamik

Mit dem Aufstieg von **K**ünstlicher **I**ntelligenz (KI), Blockchain-Technologien und Big Data entsteht eine neue Klasse von Eliten, die über den Zugang zu und die Kontrolle über diese Technologien verfügen. Unternehmen wie Google, Amazon oder Tencent haben bereits gezeigt, wie die Kontrolle über Daten und digitale Plattformen genutzt werden kann, um wirtschaftlichen und politischen Einfluss auszuüben. Zukünftig könnte sich diese Macht weiter ausweiten, insbesondere durch Entwicklungen wie das ›Internet der Dinge‹ und die Automatisierung ganzer Wirtschaftsbereiche. Staaten sehen sich zunehmend vor die Herausforderung gestellt, diese Tech-Giganten zu regulieren, während diese Unternehmen gleichzeitig eine globale Reichweite und Einflussnahme entwickeln, die nationale Grenzen überschreitet. Konflikte zwischen Staaten und Unternehmen um digitale Infrastrukturen könnten zunehmen und die geopolitische Landschaft nachhaltig verändern.

Ressourcenkonflikte und Klimaoligarchien

Angesichts des Klimawandels und der zunehmenden Knappheit natürlicher Ressourcen wie Wasser, Energie und seltene Erden entsteht das Risiko, dass die Kontrolle über diese Güter eine neue Form oligarchischer Macht hervorbringt. Unternehmen oder Einzelpersonen, die Zugang zu diesen Ressourcen haben, könnten eine beispiellose Macht erlangen und globale Abhängigkeiten schaffen. Gleichzeitig besteht die Gefahr, dass ressourcenreiche Regionen zu Schauplätzen internationaler Konflikte werden, da Staaten und Unternehmen um die Kontrolle dieser Güter wetteifern. Diese Entwicklung könnte bestehende soziale Ungleichheiten verschärfen, da die wirtschaftlichen und ökologischen Kosten dieser Ressourcennutzung oft von den am meisten benachteiligten Bevölkerungsgruppen getragen werden.

Widerstand gegen Oligarchien

Trotz der zunehmenden Machtkonzentration gibt es zahlreiche Beispiele für Widerstand gegen oligarchische Strukturen. Bewegungen wie *Occupy Wall Street* oder *Fridays for Future* haben gezeigt, wie soziale Netzwerke genutzt werden können, um globale Aufmerksamkeit auf Ungerechtigkeiten zu lenken und Druck auf politische und wirtschaftliche Eliten auszuüben. In der Zukunft könnten innovative Technologien wie Blockchain dazu beitragen, Transparenz zu fördern und Machtstrukturen aufzubrechen. Dezentrale Systeme, die auf Gemeinschaft und Kooperation basieren, bieten das Potenzial, Alternativen zu den bestehenden oligarchischen Strukturen zu schaffen. Gleichzeitig bleibt die Frage, ob solche Bewegungen die notwendige Ausdauer und Schlagkraft entwickeln können, um nachhaltige Veränderungen herbeizuführen.

Politische Szenarien

Die politische Landschaft könnte in den kommenden Jahrzehnten ebenfalls tiefgreifend von oligarchischen Tendenzen beeinflusst werden. Populistische Bewegungen und autoritäre Regierungen, die in den letzten Jahren weltweit an Bedeutung gewonnen haben, könnten die Konzentration von Macht weiter vorantreiben. Gleichzeitig besteht die Gefahr, dass demokratische Institutionen untergraben werden, da Eliten ihre Positionen nutzen, um Reformen zu blockieren und ihre eigenen Interessen zu schützen. In autoritären Regimen könnten Oligarchien als Stützen des politischen Systems fungieren, während in Demokratien die Kluft zwischen Bürgern und politischen Entscheidungsträgern weiter wachsen könnte.

Ethische Fragen und neue Werte

Eine wichtige Frage für die Zukunft der Oligarchien ist, wie sich gesellschaftliche Werte und Normen entwickeln werden. Die wachsende Bedeutung von Nachhaltigkeit, sozialer Verantwortung und Gleichheit könnte dazu führen, dass bestehende Machtstrukturen hinterfragt und reformiert werden. Unternehmen und Einzelpersonen, die ihren Reichtum und Einfluss nutzen, um globale Herausforderungen wie den Klimawandel oder die soziale Ungleichheit anzugehen, könnten eine neue Form von Eliten hervorbringen, die auf Kooperation und Gemeinwohl setzen. Diese Entwicklung würde jedoch eine grundlegende Veränderung der aktuellen Werte und Anreize erfordern, die oligarchische Systeme stützen.

Schlussbetrachtung

Die Zukunft der Oligarchien wird letztlich von einer Vielzahl von Faktoren abhängen, darunter technologische Fortschritte, gesellschaftlicher Widerstand und die Bereitschaft politischer Systeme, auf die Herausforderungen des 21. Jahrhunderts zu reagieren. Während die Machtkonzentration in der Vergangenheit oft als unvermeidbar angesehen wurde, bietet die Gegenwart die Möglichkeit, neue Wege zu erkunden und die Strukturen zu schaffen, die für eine gerechtere und nachhaltigere Gesellschaft erforderlich sind. Ob diese Chancen genutzt werden, bleibt offen, doch sie werden entscheidend dafür sein, wie die Oligarchien der Zukunft aussehen.

Einfluss auf globale Krisen

Die globalen Krisen des 21. Jahrhunderts – Klimawandel, Pandemien und Migration – haben die Welt vor Herausforderungen gestellt, die nicht nur Regierungen, sondern auch die Strukturen und Dynamiken oligarchischer Macht in den Fokus rücken. Die Rolle von Oligarchien in diesen Krisen ist komplex und oft widersprüchlich. Einerseits sind sie Teil der Probleme, die diese Krisen verschärfen, andererseits präsentieren sie sich häufig als unverzichtbare Akteure bei deren Bewältigung. Diese Doppelrolle verdient eine differenzierte Betrachtung.

Klimawandel und oligarchische Verantwortung

Der Klimawandel ist unbestreitbar eine der drängendsten globalen Krisen unserer Zeit. Oligarchische Strukturen spielen eine zentrale Rolle in seiner Entstehung und Eskalation. Industrien, die von fossilen Brennstoffen abhängig sind, gehören zu den Hauptverursachern von Treibhausgasemissionen, und die Akteure, die diese Industrien kontrollieren, zählen zu den mächtigsten der Welt. Unternehmen wie *ExxonMobil* oder *Saudi Aramco* sind nicht nur wirtschaftliche Giganten, sondern auch politische Einflussnehmer, die Entscheidungen über Energiepolitik und Umweltregulierungen maßgeblich beeinflussen.

Diese Konzerne nutzen ihre Ressourcen, um wissenschaftliche Erkenntnisse zu untergraben und Narrative zu schaffen, die Zweifel an der Dringlichkeit des Klimawandels säen. Lobbyarbeit, die auf die Verzögerung von Reformen abzielt, ist ein weiteres Instrument, das oligarchische Akteure einsetzen, um ihre wirtschaftlichen Interessen zu schützen. Gleichzeitig präsentieren sich dieselben Unternehmen zunehmend als Vorreiter im Bereich der erneuerbaren Energien, was eine Form von *Greenwashing* darstellt, um Kritik abzuwehren und ihren Einfluss aufrechtzuerhalten.

Dennoch gibt es auch positive Beispiele. Einige superreiche Einzelpersonen und Stiftungen investieren erhebliche Mittel in Technologien zur Bekämpfung des Klimawandels. Die Bill & Melinda Gates Foundation oder Initiativen von Elon Musk und Jeff Bezos haben dazu beigetragen, das Bewusstsein für nachhaltige Technologien zu stärken und Innovationen zu fördern. Diese Bemühungen werfen jedoch die Frage auf, ob solche Ansätze wirklich systemische Veränderungen bewirken oder lediglich die bestehenden Machtstrukturen stützen.

Pandemien und der Einfluss globaler Eliten

Die COVID-19-Pandemie hat die Welt vor Augen geführt, wie verwundbar globale Gesellschaften gegenüber Gesundheitskrisen sind. Gleichzeitig hat sie die Rolle oligarchischer Strukturen in der Gesundheitsversorgung und -politik beleuchtet. Pharmaunternehmen wie Pfizer, Moderna und AstraZeneca, die die Entwicklung von Impfstoffen vorangetrieben haben, spielten eine entscheidende Rolle bei der Eindämmung der Pandemie. Ihre Leistungen werden jedoch von Debatten überschattet, die sich um Fragen des Patentschutzes und der gerechten Verteilung drehen.

Die Konzentration von Wissen und Ressourcen in den Händen weniger Unternehmen hat dazu geführt, dass reiche Länder bevorzugt wurden, während Entwicklungsländer oft keinen Zugang zu lebensrettenden Impfstoffen hatten. Diese Ungleichheit spiegelt die Dynamiken oligarchischer Macht wider, bei denen wirtschaftliche Interessen Vorrang vor globaler Solidarität haben. Gleichzeitig haben philanthropische Organisationen wie die Gates Foundation Maßnahmen zur Förderung der globalen Impfstoffverteilung unterstützt, was die widersprüchliche Rolle oligarchischer Akteure in solchen Krisen verdeutlicht.

Die Pandemie hat auch die Bedeutung von Tech-Oligarchien hervorgehoben. Plattformen wie Amazon, Zoom und Google profitierten erheblich von den Veränderungen in der Arbeitswelt und dem Konsumverhalten. Während ihre Dienste während der Krise unverzichtbar wurden, wurde gleichzeitig deutlich, wie sehr diese Unternehmen ihre Monopolstellung ausbauen konnten. Diese Entwicklung wirft Fragen nach der Verantwortung dieser Akteure und den langfristigen Folgen ihrer Machtkonzentration auf.

Migration und Machtgefälle

Migration, angetrieben durch Konflikte, wirtschaftliche Not und Umweltveränderungen, ist ein weiteres Phänomen, das eng mit oligarchischen Strukturen verflochten ist. Die wirtschaftliche Ungleichheit zwischen globalem Norden und Süden, die oft durch die Ausbeutung natürlicher Ressourcen und die Manipulation von

Handelssystemen durch Eliten verstärkt wird, ist eine der Hauptursachen für Migration. Gleichzeitig profitieren einige Akteure von den Krisen, die Migration antreiben. Unternehmen, die im Sicherheitssektor oder im Bauwesen tätig sind, nutzen die Migration, um ihre Profite zu steigern, während populistische Politiker die Angst vor Migranten schüren, um ihre Macht zu festigen.

Oligarchische Strukturen beeinflussen auch die Reaktionen auf Migration. Die Kontrolle über Medien ermöglicht es Eliten, Narrative zu schaffen, die Migranten entweder kriminalisieren oder als Bedrohung darstellen. Gleichzeitig nutzen Unternehmen die Migration, um billige Arbeitskräfte zu rekrutieren, was die Ausbeutung von Migranten verstärkt und bestehende soziale Ungleichheiten vertieft. Diese Dynamiken zeigen, wie eng die Themen Migration und Macht miteinander verflochten sind.

Schlussbetrachtung

Die Rolle oligarchischer Strukturen bei globalen Krisen ist ambivalent. Während sie oft zur Verschärfung dieser Krisen beitragen, bieten sie gleichzeitig Möglichkeiten für Lösungen. Die Frage bleibt, ob diese Lösungen wirklich im Interesse der Allgemeinheit oder lediglich zur Festigung bestehender Machtverhältnisse dienen. Die Bewältigung der globalen Herausforderungen des 21. Jahrhunderts wird maßgeblich davon abhängen, wie diese Dynamiken verstanden und angegangen werden. Eine gerechtere Welt erfordert Mechanismen, die Machtkonzentration begrenzen und die Verantwortung aller Akteure – einschließlich der Oligarchien – sicherstellen.

Der Mensch in der Oligarchie

Oligarchien sind nicht nur politische oder wirtschaftliche Systeme; sie sind auch soziale Konstrukte, die tief in das Leben und die Psyche der Menschen eingreifen. Ihre Auswirkungen auf den Einzelnen und die Gesellschaft als Ganzes sind vielschichtig und oft ambivalent. Die psychologischen und sozialen Perspektiven auf das Leben in oligarchischen Strukturen beleuchten, wie Machtkonzentration menschliches Verhalten, soziale Dynamiken und kollektive Identität beeinflusst.

Ein zentraler Aspekt des Lebens in einer Oligarchie ist das Gefühl der Ohnmacht, das viele Menschen empfinden. Wenn eine kleine Elite die Entscheidungsprozesse dominiert, entsteht bei der breiten Bevölkerung oft der Eindruck, keinen Einfluss auf das eigene Leben oder die gesellschaftliche Entwicklung nehmen zu können. Dieses Gefühl kann Resignation und politische Apathie fördern, was wiederum die bestehende Machtstruktur stärkt. Menschen, die glauben, dass ihre Stimmen und Handlungen nichts bewirken, ziehen sich häufig aus dem öffentlichen Leben zurück, was die Oligarchien weiter stabilisiert.

Gleichzeitig fördern oligarchische Strukturen oft eine Kultur des Individualismus und des Wettbewerbs. Da der Zugang zu Ressourcen und Chancen stark begrenzt ist, entsteht ein intensiver Konkurrenzkampf, der soziale Beziehungen belasten kann. Dieser Fokus auf individuelle Leistung und Erfolg lenkt die Aufmerksamkeit von kollektiven Problemen ab und verhindert die Bildung starker gemeinschaftlicher Bindungen. Menschen werden dazu ermutigt, ihren eigenen Vorteil zu suchen, anstatt sich solidarisch für gemeinschaftliche Ziele einzusetzen. Diese Dynamik ist besonders in Gesellschaften ausgeprägt, die auf neoliberalen Prinzipien beruhen, bei denen wirtschaftlicher Erfolg als Maßstab für persönlichen Wert gilt.

Ein weiterer psychologischer Effekt oligarchischer Strukturen ist die Normalisierung von Ungleichheit. Wenn Macht und Reichtum über Generationen hinweg in den Händen weniger verbleiben, wird diese Konzentration oft als natürlich oder unvermeidbar wahrgenommen. Diese Akzeptanz von Ungleichheit kann dazu führen, dass Menschen die Legitimität der bestehenden Ordnung nicht hinterfragen. Sie glauben, dass Eliten aufgrund ihres Talents, ihrer Intelligenz oder ihres Einsatzes ihre Position verdient haben, während diejenigen, die weniger privilegiert sind, ihre Situation als persönliches Versagen interpretieren. Dieser Mechanismus verstärkt nicht nur die soziale Hierarchie, sondern auch die emotionale Belastung derjenigen, die sich am unteren Ende der gesellschaftlichen Leiter befinden.

Auf der anderen Seite beeinflussen oligarchische Strukturen auch die Psyche der Eliten. Der Zugang zu Macht und Privilegien kann ein Gefühl der Unantastbarkeit und eine Entfremdung von der breiten Bevölkerung hervorrufen. Psychologische Studien zeigen, dass Macht das Verhalten und die Wahrnehmung von Menschen erheblich verändern kann. Menschen in

Machtpositionen neigen dazu, Empathie für andere zu verlieren und ihre eigenen Interessen über die Bedürfnisse der Gemeinschaft zu stellen. Gleichzeitig fühlen sie sich oft von anderen bedroht und versuchen, ihre Position durch Kontrolle und Manipulation zu sichern. Diese Dynamiken können zu einer Isolation der Eliten führen, die ihre Lebensrealität und die der übrigen Gesellschaft immer weiter auseinanderdriften lassen.

Ein weiterer sozialer Aspekt des Lebens in einer Oligarchie ist die Spaltung der Gesellschaft in verschiedene Klassen oder Schichten. Diese Trennungen sind nicht nur wirtschaftlicher Natur, sondern haben auch tiefgreifende kulturelle und psychologische Auswirkungen. Die Eliten schaffen oft exklusive soziale Netzwerke, die den Zugang zu Macht und Ressourcen weiter einschränken. Diese Netzwerke basieren auf Loyalität und gegenseitigem Nutzen und sind für Außenstehende schwer zugänglich. Gleichzeitig fühlen sich die unteren Schichten der Gesellschaft oft von diesen Kreisen ausgeschlossen und entwickeln ein Gefühl der Marginalisierung.

Die Medien spielen eine entscheidende Rolle dabei, wie Menschen ihre Position innerhalb einer oligarchischen Struktur wahrnehmen. Durch die Kontrolle über Informationsflüsse können Oligarchien Narrative schaffen, die ihre Macht legitimieren und stabilisieren. Diese Narrative betonen oft die Bedeutung von Individualismus, Leistung und Wettbewerb, während sie kollektive Lösungen oder Kritik an der Machtkonzentration marginalisieren. Gleichzeitig können Medien die sozialen Unterschiede durch die Inszenierung von Reichtum und Erfolg weiter verstärken, was bei vielen Menschen ein Gefühl von Neid, Unzufriedenheit oder Minderwertigkeit auslösen kann.

Trotz dieser Herausforderungen gibt es auch psychologische und soziale Mechanismen, die Widerstand gegen oligarchische Strukturen fördern. Solidarische Bewegungen, die auf gemeinsamen Werten und Zielen basieren, können Menschen zusammenbringen und ein Gefühl von Gemeinschaft und Zugehörigkeit schaffen. Diese Bewegungen sind oft von einem starken kollektiven Bewusstsein geprägt, das die Machtkonzentration infrage stellt und alternative Visionen für die Gesellschaft entwickelt. Ein Beispiel dafür sind soziale Proteste, die soziale Ungleichheit anprangern und für Gerechtigkeit und Teilhabe eintreten.

Ein weiterer Hoffnungsschimmer liegt in der Fähigkeit des Menschen zur Reflexion und Anpassung. Psychologische Studien zeigen, dass Menschen in der Lage sind, ihre Einstellungen und Verhaltensweisen zu ändern, wenn sie mit neuen Informationen und Perspektiven konfrontiert werden. Bildung und Aufklärung spielen dabei eine entscheidende Rolle. Wenn Menschen die Mechanismen oligarchischer Strukturen verstehen, können sie aktiv daran arbeiten, diese zu überwinden und eine gerechtere Gesellschaft zu schaffen.

Die psychologischen und sozialen Perspektiven auf oligarchische Strukturen zeigen, wie tiefgreifend diese Systeme das Leben der Menschen prägen. Sie beeinflussen nicht nur das Verhalten und die Einstellungen der breiten Bevölkerung, sondern auch die der Eliten selbst. Gleichzeitig machen sie deutlich, dass Veränderung möglich ist, wenn Menschen sich ihrer Situation bewusst werden und gemeinsam für eine andere Zukunft kämpfen. In einer Welt, die zunehmend von Machtkonzentration geprägt ist, bleibt die Frage, wie der Einzelne und die Gesellschaft als Ganzes mit diesen Herausforderungen umgehen, von zentraler Bedeutung.

Epilog

Am Ende bleibt die Frage nicht, ob Oligarchien existieren, sondern wie wir uns zu ihrer Gegenwart und möglichen Zukunft verhalten. Die Oligarchie ist kein unsichtbarer Gegner, keine nebulöse Kraft, die in den Schatten agiert. Sie ist das Spiegelbild unserer Systeme, das Abbild unserer Werte und Prioritäten, das Ergebnis einer Welt, die über Jahrzehnte hinweg auf Wachstum, Profit und Wettbewerb gesetzt hat.

Doch was passiert, wenn sich Macht immer weiter konzentriert, wenn demokratische Ideale von Teilhabe und Gleichheit zu leeren Hüllen verkommen? Es ist nicht der Mammon allein, der regiert, sondern die Strukturen, die ihn füttern und schützen. Diese Strukturen wirken in unsichtbaren Netzwerken, in Entscheidungen hinter verschlossenen Türen, in scheinbar neutralen Mechanismen von Märkten und Regulierungen. Und sie finden ihre Legitimation nicht selten im stillen Einverständnis derjenigen, die sich ohnmächtig fühlen, die glauben, ihre Stimme zähle ohnehin nicht mehr.

Aber genau hier liegt der Kern der Herausforderung und vielleicht auch der Hoffnung. Denn Macht, selbst in ihrer konzentriertesten Form, bleibt auf die Akzeptanz der Vielen angewiesen. Demokratie ist mehr als ein System von Institutionen; sie ist eine Idee, die in jedem Einzelnen lebt. Sie ist das Recht, zu fragen, zu fordern, sich zu wehren. Wenn wir die Demokratie verlieren, dann nicht in einem großen, plötzlichen Akt der Unterwerfung, sondern in vielen kleinen Momenten des Schweigens und des Wegsehens.

Und dennoch: Alarmismus allein wird keine Brücken bauen, keine Horizonte erweitern. Die Herausforderung liegt nicht nur im Anprangern, sondern im Begreifen. Die Oligarchie ist keine fremde Macht, sie ist Teil unserer Gesellschaft, unserer Kultur, unserer Geschichte. Sie ist tief eingebettet in die Art und Weise, wie wir über Erfolg, Macht und Verantwortung denken. Wenn Geld die Welt regiert, dann nicht, weil es dazu verdammt ist, sondern weil wir es dazu gemacht haben. Und was wir geschaffen haben, können wir auch hinterfragen, anpassen, vielleicht sogar verändern.

Die große Gefahr der Oligarchie liegt nicht allein in ihrer Macht, sondern in ihrer Fähigkeit, uns ihre Normalität glauben zu machen. Doch das, was normal erscheint, ist oft das, was am meisten infrage gestellt werden muss. Es liegt an uns, die Verbindungen zu erkennen, die Systeme zu durchdringen, die Stimmen zu erheben, die zu lange ungehört blieben. Die Alternative zur Oligarchie ist nicht die Revolution, sondern die ständige Erneuerung der Demokratie – ein Prozess, der uns allen offensteht, wenn wir bereit sind, ihn zu gestalten.

Vielleicht ist die letzte Frage nicht, ob Oligarchien die Demokratie eliminieren, sondern ob wir bereit sind, die Demokratie immer wieder neu zu beleben. Sie ist keine Selbstverständlichkeit, kein Naturzustand. Sie ist ein fragiles Gefüge, das nur bestehen kann, wenn wir es schätzen und pflegen. Der Kampf gegen die Oligarchie ist nicht der Kampf gegen eine Elite, sondern der Kampf für die Idee, dass jeder Mensch eine Stimme hat, die zählt. Es ist ein stiller Kampf, der in Gesprächen beginnt, in Taten Gestalt annimmt und in einer gemeinsamen Vision von Gerechtigkeit gipfelt.

Die Welt steht vor einer Weggabelung. Der Mammon mag verlockend sein, doch er ist nicht das Ziel. Er ist eine Illusion von Macht, die uns ablenkt von der eigentlichen Frage: Welches Erbe wollen wir hinterlassen? Eine Welt, in der die Wenigen regieren, oder eine Welt, in der die Vielen gemeinsam entscheiden? Der Unterschied liegt in unserer Bereitschaft, den Blick zu heben, den Mut zu finden und den Weg zu wählen, der nicht nur gerecht erscheint, sondern auch gerecht ist.

Über den Autor

Lutz Spilker wurde im Jahre 1955 in Duisburg geboren.

Bevor er zum Schreiben von Romanen und Dokumentationen fand, verließen bisher unzählige Kurzgeschichten, Kolumnen und Versdichtungen seine Feder.

In seinen Büchern befasst er sich vorrangig mit dem menschlichen Bewusstsein und der damit verbundenen Wahrnehmung. Seine Grenzen sind nicht die, welche mit der Endlichkeit des Denkens, des Handelns und des Lebens begrenzt werden, sondern jene, die der empirischen Denkform noch nicht unterliegen.

Es sind die Möglichkeiten des Machbaren, die Dinge, welche sich allein in der Vorstellung eines jeden Menschen darstellen und aufgrund der Flüchtigkeit des Geistes unbewiesen bleiben. Die Erkenntnis besitzt ihre Gültigkeit lediglich bis zur Erlangung einer neuen und die passiert zu jeder weiteren Sekunde.

Die Welt von Lutz Spilker beginnt dort, wo zu Beginn allen Seins nichts Fassbares war, als leerer Raum. Kein Vorne, kein Hinten, kein Oben und kein Unten. Kein Glaube, kein Wissen, keine Moral, keine Gesetze und keine Grenzen. Nichts.

In Lutz Spilkers Romanen passieren heimtückische Morde ebenso wie die Zauber eines Märchens. Seine Bücher sind oftmals Thriller, Krimi, Abenteuer, Science Fiction, Fantasy und selbst Love-Story in einem.

»Ich liebe die Sprache: Sie vermag zu streicheln, zu liebkosen und zu Tränen zu rühren. Doch sie kann ebenso stachelig sein, wie der Dorn einer Rose und mit nur einem Hieb zerschmettern.«

In dieser Reihe sind bisher erschienen

Die Erfindung der Langeweile
Die Erfindung des Menschen
Die Erfindung des Geldes
Die Erfindung des Teufels
Die Erfindung des Erfolgs
Die Erfindung der Sterblichkeit
Die Erfindung der Lüge
Die Erfindung der Freiheit
Die Erfindung des Todes
Die Erfindung der Welt
Die Erfindung des Inselmenschen
Die Erfindung der Zeit
Die Erfindung der Seele
Die Erfindung der Politik
Die Erfindung des Gewissens
Die Erfindung der Religion
Die Erfindung der Schuld
Die Erfindung der Gerechtigkeit
Die Erfindung des Friedens
Die Erfindung des Selbstgesprächs
Die Erfindung der Zukunft
Die Erfindung der Pornographie
Die Erfindung der Verschwendung
Die Erfindung des Erwachsenseins
Die Erfindung der Hölle
Die Erfindung der Überbevölkerung
Die Erfindung des Himmels
Die Erfindung der Monarchie
Die Erfindung der Unterhaltung
Die Erfindung der Sprache
Die Erfindung der Musik
Die Erfindung der Wiedergeburt
Die Erfindung des Zufalls
Die Erfindung der Namen
Die Erfindung des Bewusstseins

Die Erfindung des freien Willens
Die Erfindung des Wahrsagens
Die Erfindung der Körpersprache
Die Erfindung des Schlafs
Die Erfindung der Sklaverei
Die Erfindung der Angst
Die Erfindung der Vernunft
Die Erfindung des Vollmonds
Die Erfindung des Vitamin B
Die Erfindung des Make-Up
Die Erfindung des Weihnachtsfestes
Die Erfindung des Ku-Klux-Klan
Die Erfindung des Träumens
Die Erfindung der Flaschenpost
Die Erfindung der Mafia
Die Erfindung der politischen Parteien
Die Erfindung der Freimaurer
Die Erfindung der Freibeuter
Die Erfindung der Raumfahrt
Die Erfindung der Tempelritter
Die Erfindung des ADHS-Syndroms
Die Erfindung der Homöopathie
Die Erfindung der Freizeitparks
Die Erfindung des Werwolfs
Die Erfindung des Astralkörpers
Die Erfindung des Zölibats
Die Erfindung des Herkules
Die Erfindung des Vampirs
Die Erfindung der Philosophie
Die Erfindung des Bieres
Die Erfindung der Geister
Die Erfindung des Ungeheuers von Loch Ness
Die Erfindung der Prä-Astronautik
Die Erfindung des Voodoo
Die Erfindung des Stierkampfs
Die Erfindung des Sinns des Lebens
Die Erfindung des Einhorns
Die Erfindung von Atlantis
Die Erfindung des Gähnens

Die Erfindung der Bundeslade

Die Erfindung der Ehe

Die Erfindung der 10 Gebote

Die Erfindung des Robin Hood

Die Erfindung des Autoritätsgehorsams

Die Erfindung der Popkultur

Die Erfindung des Urknalls

Die Erfindung des Rauchens

Die Erfindung des Alphabets

Die Erfindung der totalen Kontrolle

Die Erfindung der Langeweile - Neuauflage

Die Erfindung der Schlacht um Troja

Die Erfindung des Sandmännchens

Die Erfindung des Mannes mit der eisernen Maske

Die Erfindung der Indianer

Die Erfindung des Plato mit Strom

Die Erfindung des Untergangs des Denkens

Die Erfindung des Weltuntergangs

Die Erfindung des Quantencomputers

Die Erfindung der Wahrheit

Die Erfindung der Oligarchie

Zeitfracht Medien GmbH
Ferdinand-Jühlke-Straße 7
99095 Erfurt, Deutschland
produktsicherheit@kolibri360.de